EERSTE EDITIE - Gepubliceerd in 2022

Extra grafisch materiaal van: www.freepik.com
Dank aan: Alekksall, Starline, Pch.vector, Rawpixel.com, Vectorpocket, Dgim-studio, Upklyak, Macrovector, Stockgiu, Pikisuperstar & Freepik.com Designers

Ontdek gratis online spelletjes
Hier verkrijgbaar:

BestActivityBooks.com/FREEGAMES

5 TIPS OM TE BEGINNEN!

1) HOE OP TE LOSSEN

De Puzzels zijn in een Klassiek Formaat:

- Woorden worden verborgen zonder pauzes (geen spaties, streepjes, ...)
- Oriëntatie: Voorwaarts & Achterwaarts, Boven & Beneden of in Diagonaal (kan in beide richtingen)
- Woorden kunnen elkaar overlappen of kruisen

2) ACTIEF LEREN

Naast elk woord is een spatie voorzien om de vertaling te noteren. Om actief te leren vindt u een **WOORDENBOEK** aan het einde van deze editie om uw kennis te controleren en uit te breiden. U kunt elke vertaling opzoeken en opschrijven, de woorden in de puzzel vinden en ze vervolgens aan uw woordenschat toevoegen!

3) TAG JE WOORDEN

Hebt u al geprobeerd een labelsysteem te gebruiken? U zou bijvoorbeeld de woorden die moeilijk te vinden waren kunnen markeren met een kruis, de woorden die u leuk vond met een ster, nieuwe woorden met een driehoek, zeldzame woorden met een ruit enzovoort...

4) ORGANISEER UW LEREN

Wij bieden ook een handig **NOTITIEBOEKJE** aan het eind van deze uitgave. Of u nu op vakantie, op reis of thuis bent, u kunt uw nieuwe kennis gemakkelijk ordenen zonder dat u een tweede notitieboek nodig hebt!

5) AFGESLOTEN?

Ga naar de bonussectie: **FINAAL UITDAGING** om een gratis spel te vinden dat aan het einde van deze editie wordt aangeboden!

Wil je meer leuke en leerzame activiteiten? Het is Snel en Eenvoudig!
Een hele collectie spelboeken slechts **één klik verwijderd!**

Vind uw volgende uitdaging bij:

BestActivityBooks.com/MijnVolgendeBoek

Klaar... Start!

Wist u dat er zo'n 7000 verschillende talen in de wereld zijn? Woorden zijn kostbaar.

We houden van talen en hebben hard gewerkt om de boeken van de hoogste kwaliteit voor u te maken. Onze ingrediënten?

Een selectie van onmisbare leerthema's, drie grote plakken plezier, dan voegen we er een lepel moeilijke woorden en een snuifje zeldzame woorden aan toe. We serveren ze met zorg en een maximum aan verrukking, zodat je de beste woordspelletjes kunt oplossen en veel plezier beleeft aan het leren!

Uw feedback is essentieel. U kunt een actieve bijdrage leveren aan het succes van dit boek door een recensie achter te laten. Vertel ons wat u het meest beviel in deze editie!

Hier is een korte link die u naar uw bestelpagina brengt:

BestBooksActivity.com/Recensies50

Bedankt voor uw hulp en veel plezier met het spel!

Linguas Classics

1 - Metingen

```
G  Þ  A  M  O  K  Z  R  T  E  M  I  T  N  E  S
R  Y  U  G  G  N  Í  I  Z  S  Y  D  P  R  G  N
A  N  K  D  C  V  D  L  E  K  Z  N  Ý  F  C  X
M  G  A  S  N  Ú  Q  Æ  Ó  M  W  I  D  Þ  R  G
M  D  S  R  Z  Þ  V  M  K  B  N  B  Þ  A  C  J
F  Ð  T  S  A  Y  K  V  B  Z  V  I  M  I  T  K
W  L  A  T  Ú  N  Í  M  C  Y  Y  X  R  R  H  H
Y  E  F  L  V  D  F  P  T  O  M  M  U  A  N  D
C  E  M  H  G  D  E  Ð  Q  Z  R  G  T  V  Y  P
L  Í  T  R  I  I  X  V  X  U  X  P  T  Ð  M  G
K  Í  L  Ó  M  E  T  R  A  C  I  P  O  J  Y  V
M  K  Ð  P  C  R  T  Æ  W  N  X  Þ  P  G  Z  G
A  E  P  C  Z  B  O  C  B  M  V  F  F  P  V  X
I  D  S  D  D  G  N  E  L  H  T  L  L  B  L  E
X  R  P  S  C  X  N  X  X  Æ  N  F  Á  G  Z  A
A  F  A  H  I  G  L  G  V  Ð  P  P  H  Y  C  V
```

BREIDD
BÆTI
SENTIMETR
AUKASTAF
DÝPT
ÞYNGD
GRAMM
HÆÐ
TOMMU
KÍLÓ

KÍLÓMETRA
LENGD
LÍTRI
MESSI
MÆLIR
MÍNÚTA
ÚNSA
HÁLFPOTTUR
TONN
BINDI

2 - Opwarming van de Aarde

```
K  Q  A  R  G  V  M  J  D  O  H  Z  F  C  N  V
Y  M  L  A  Í  Ö  T  B  A  P  P  E  R  K  B  K
N  K  Þ  F  I  K  G  J  N  E  G  W  A  Þ  U  K
S  F  J  R  O  I  I  N  Ú  Q  W  I  M  R  A  U
L  N  Ó  U  R  F  P  S  N  W  X  I  T  F  S  B
Ó  A  Ð  Ð  A  Y  P  G  S  M  K  R  Í  N  J  R
Ð  R  L  E  G  I  T  S  A  T  I  H  Ð  I  I  E
I  K  E  V  N  L  P  I  S  E  J  W  Z  Ð  Ð  Y
R  T  G  G  I  G  Þ  F  Þ  K  O  Ó  V  M  N  T
I  Í  Q  A  Ð  Y  K  R  Q  R  G  Y  R  R  A  I
D  S  T  S  I  H  T  E  Ó  N  F  I  E  N  Ð  N
V  K  R  Þ  E  T  L  V  Þ  U  O  R  K  A  U  G
C  U  F  Q  L  A  M  H  U  W  N  P  T  M  R  A
W  R  O  I  F  I  A  M  L  Ö  G  G  J  Ö  F  R
D  P  Y  U  A  A  Y  U  L  I  O  C  L  E  F  C
V  Í  S  I  N  D  A  M  A  Ð  U  R  U  Ð  F  M
```

ATHYGLI
ARKTÍSKUR
KREPPA
ORKA
GAS
GÖGN
KYNSLÓÐIR
AFLEIÐINGAR
IÐNAÐUR
ALÞJÓÐLEG

VEÐURFAR
UMHVERFIS
NÚNA
ÞRÓUN
RÍKISSTJÓRN
HITASTIG
FRAMTÍÐ
BREYTINGAR
VÍSINDAMAÐUR
LÖGGJÖF

3 - Keuken

```
G  R  I  L  L  R  E  J  S  Q  Z  R  C  S  G  N
Q  U  Q  B  O  L  L  A  H  N  Í  F  A  D  B  Ð
X  P  R  U  P  Á  K  S  S  Í  N  S  V  W  A  U
T  M  H  T  D  Q  Z  U  N  N  Ö  K  G  U  Ð  R
Y  A  C  N  D  O  I  A  E  W  W  E  T  L  N  M
S  V  Ð  U  W  U  F  M  B  M  W  I  N  I  R  O
E  S  V  V  B  J  S  N  A  K  X  Ð  I  V  Z  G
R  K  S  S  J  J  S  G  I  T  S  A  H  D  E  C
V  R  U  K  K  U  R  K  W  L  U  R  S  K  Á  L
Í  Y  P  E  R  B  Q  E  Ð  O  F  R  G  V  H  Y
E  D  I  T  N  O  Ð  Y  R  T  G  J  K  Q  T  L
T  D  N  I  U  N  F  F  R  Y  S  T  I  I  S  R
T  Þ  N  L  C  G  Þ  Þ  J  X  L  Z  A  K  C  I
A  M  A  L  D  W  N  F  I  T  W  W  Ð  X  T  T
W  Þ  R  U  P  P  S  K  R  I  F  T  Z  N  B  Ð
B  Þ  Q  F  S  F  X  Q  D  R  R  Q  H  E  R  L
```

BOLLA	AUSA
PINNAR	KRUKKU
GRILL	UPPSKRIFT
KETILL	SVUNTU
ÍSSKÁPUR	SERVÍETTA
SKÁL	KRYDD
KÖNNU	SVAMPUR
SKEIÐAR	MATUR
HNÍFA	FORKS
OFN	FRYSTI

4 - Boten

```
F E R J A K A R E V I R S S W Ð
Y M Q M X A N K E F G G J T F Z
F Q K G B N N O K I Q E Ó Ö Ð M
Á H Ö F N Ó A D I E P W M Ð U E
O K A F P P M V C K R I A U L J
K F N L R M Ó N E W G I Ð V R E
U W U H A F J A Q Y O G U A H A
V I L Ð Q Z S Ð F U I Z R T V G
F Ð T R U T Á B L G E S B N A I
S C U P O P O F E Ö L D U R Þ I
M N M A S T U R K R É A J E Z O
X U E R Z X S T I I V A G L K R
A R Ð K M K S J Ó N A Þ G P A O
Y J E P K U N Q C L Þ F Y I J Ð
X U R B D J Y P G M Ð Y R S A G
S P Ð W V Y U B A U Ð Z B J K M
```

AKKERI	STÖÐUVATN
ÁHÖFN	VÉL
BAU	SJÓMANNA
BRYGGJU	HAF
ÖLDUR	RIVER
SNEKKJU	REIPI
KAJAK	FERJA
KANÓ	FLEKI
MASTUR	SJÓ
SJÓMAÐUR	SEGLBÁTUR

5 - Chocolade

```
A  L  L  E  M  A  R  A  K  Q  R  P  H  P  Þ  G
V  U  J  G  X  R  Þ  X  O  L  F  S  E  O  W  P
C  P  Z  Ú  T  K  L  Þ  J  I  F  P  Y  E  Y  T
M  P  D  Z  F  A  A  V  S  E  O  V  C  K  V  F
O  Á  V  A  U  F  U  K  F  E  L  E  F  X  U  I
D  H  T  X  D  S  E  Q  Ó  I  L  M  U  R  Y  R
Z  A  N  F  I  C  F  N  W  D  F  Þ  L  O  V  K
A  L  L  N  A  M  M  I  G  B  I  F  I  W  H  S
J  D  R  Y  Þ  N  E  F  B  U  W  J  K  B  N  P
Ð  S  O  R  Q  M  U  M  X  N  R  N  R  I  E  P
G  F  R  A  M  A  N  D  I  N  F  E  X  T  T  U
A  N  D  O  X  U  N  A  R  E  F  N  I  U  U  W
R  U  T  Æ  S  Q  O  Þ  A  M  A  F  K  R  M  T
B  G  Æ  Ð  I  D  W  M  C  Y  Q  Q  L  Z  T  L
H  I  T  A  E  I  N  I  N  G  A  R  Þ  R  Á  D
K  Ó  K  O  S  H  N  E  T  A  U  Þ  P  K  Q  Q
```

ANDOXUNAREFNI
ILMUR
BITUR
KAKÓ
HITAEININGAR
FRAMANDI
UPPÁHALDS
LJÚFFENGUR
EFNI
KARAMELLA

KÓKOSHNETA
GÆÐI
HNETUM
DUFT
UPPSKRIFT
BRAGÐ
NAMMI
SYKUR
ÞRÁ
SÆTUR

6 - Gezondheid en Welzijn #2

```
B M H E I L B R I G Ð U R Q S E
Z L A K R O D I W K Þ W E A J L
M R Ó T S J Ú K D Ó M U R V Ú Í
Z I P Ð A T A B A Í R O L A K F
H U T I E R T S W J X F U J R F
L L G B Ð W Æ A W A X N T L A Æ
Þ W F C A T M Ð Ð J V Æ V D H R
S B H I Ð N I Þ I H A M K S Ú A
M H R E I N L Æ T I Q I S T S F
I C B U M M Z L C L Ð Þ K I L R
T U I S E E L Í K A M I Y Z L Æ
U L R Z L C Q I O Ð K O T N Y Ð
N Í M A T Í V S Þ M R E Y F G I
C V S G I Ð N U D D K Q J U H D
F Q Z K N E R F Ð A F R Æ Ð I W
H H J Z G N I R Æ N C Y Y Þ M R
```

OFNÆMI	HREINLÆTI
LÍFFÆRAFRÆÐI	SMITUN
BLÓÐ	LÍKAMI
KALORÍA	NUDD
MATARÆÐI	MELTING
ORKA	STREITU
ERFÐAFRÆÐI	VÍTAMÍN
ÞYNGD	NÆRING
HEILBRIGÐUR	SJÚKRAHÚS
BATA	SJÚKDÓMUR

7 - Tijd

```
K D T H Y F R V K J B M K Þ E Á
Q L A N Ú N C U I S L A E I J R
P R U G U T A R Á K I F C T X U
D Q T K A K K U L K A Q H R H G
R L O O K T T Ó N Ö H E Ð D A A
G R Z I U U A A X L X Ð V B F D
L Í D A G E S L Q D O C Ð B C M
F R A M T Í Ð T T J A J S O K Í
F P C V O O H S U N Y C I N J N
N I E U H A Þ G N N Q Í G Æ R Ú
V L I S Y Á K E B U D Þ E G X T
E F T I R R N N G H V D Z C A
R C A Q Þ L I Y O R X Y Á Q Q B
J Z B P E E Z A T O A K H X N Y
H V Q T J G M E X M Á N U Ð U R
S Ð Y K O A M M E N S V Q B Ð Þ
```

DAGUR
ÁRATUGUR
ÖLD
Í GÆR
ÁR
ÁRLEGA
DAGATAL
KLUKKA
MÁNUÐUR
HÁDEGI

MÍNÚTA
EFTIR
NÓTT
NÚNA
MORGUNN
FRAMTÍÐ
KLUKKUSTUND
Í DAG
SNEMMA
VIKA

8 - Meditatie

```
J  P  G  T  R  Ð  L  W  E  B  S  R  D  H  Z  T
T  O  Þ  U  O  E  F  Z  Y  V  Ð  Ú  M  A  S  N
G  I  S  J  Ó  N  A  R  H  O  R  N  I  M  J  V
E  T  L  Ð  Q  T  Q  U  M  X  I  A  K  I  S  A
L  Æ  N  F  M  C  Ð  Ð  Þ  D  K  R  I  N  Y  K
D  L  V  N  I  X  Ð  I  L  L  Ú  E  G  R  A
N  K  Ö  S  Y  N  G  R  O  I  N  T  L  J  Q  N
A  K  N  N  O  H  N  F  G  V  M  T  R  A  Ð  D
R  A  G  U  D  V  U  I  N  Ð  C  Á  Ý  V  U  I
B  Þ  D  G  H  U  F  G  N  Ó  V  N  K  Z  O  X
Q  S  C  U  P  Þ  N  U  S  G  O  Þ  S  B  F  K
B  E  U  H  Þ  Ö  G  N  Þ  A  A  S  P  Ð  R  Q
Ð  E  J  T  S  A  M  T  Ö  K  N  R  X  R  Z  Ð
Þ  D  U  A  T  Ó  N  L  I  S  T  I  L  K  F  Þ
S  A  M  Þ  Y  K  K  I  F  P  V  S  R  I  Þ  D
E  B  A  T  H  Y  G  L  I  M  B  J  A  N  Þ  Q
```

ATHYGLI
SAMÞYKKI
ÖNDUN
SAMTÖK
ÞAKKLÆTI
TILFINNINGAR
HUGSANIR
HAMINGJA
SKÝRLEIKI
LOGN

SAMÚÐ
ANDLEGT
TÓNLIST
NÁTTÚRAN
ATHUGUN
SJÓNARHORNI
ÞÖGN
FRIÐUR
GÓÐVILD
VAKANDI

9 - Vogels

```
U O C L F K M Ð W N J S U S H M
N G E D E J I K O Y U T A Q Þ Ö
D N L D G Ú P B B H Z R X C Y R
Y I J A G K Y Á S D T Ú N N C G
H M V G Þ L N Z F U G T Y U Z Æ
X A O C U I K R N A C U O T T S
Y L L R U N A V S G G R U F Á M
T F M B C G G Æ S H P A R O W B
Z Y W F D U B P Q E E Q U T Þ A
B K X M J R C E B R L O K K M Z
S P A R R O W A E O I M R Z U G
U E J U F O X C M N C I O C Y R
Z P E K M I Z O D Þ A W T Ö N D
M Q O U M P O C N Ú N C S K V G
O U J A K Á R K Z R F O D F J M
C Q Þ G J Ð H L G M Þ A M J H V
```

DÚFA	STORKUR
ÖND	PÁFAGAUKUR
EGG	PEACOCK
FLAMINGO	PELICAN
GÆS	MÖRGÆS
KJÚKLINGUR	HERON
GAUKUR	STRÚTUR
KRÁKA	TOUCAN
MÁFUR	UGLA
SPARROW	SVANUR

10 - Behoud

```
B  T  Y  P  O  T  B  W  A  M  H  A  E  T  U  R
R  A  N  F  Þ  K  Ú  K  S  I  E  E  Ð  O  Q  Y
E  K  N  Þ  W  T  S  S  Á  R  G  N  I  R  H  U
Y  A  O  L  Ð  H  V  D  M  R  Y  N  N  L  K  H
T  Q  U  S  Þ  N  Æ  V  M  A  K  A  Q  T  S  Þ
I  I  Ð  I  L  A  Ð  O  B  F  L  Á  J  S  U  A
N  F  S  F  A  K  I  I  O  R  F  O  M  F  K  N
G  R  J  R  N  N  F  I  J  U  M  K  P  Q  O  G
A  E  Á  E  N  N  V  B  T  Ð  M  L  Z  E  U  E
R  K  L  V  I  I  T  N  D  E  R  O  U  F  A  C
Ð  T  F  H  V  M  V  X  N  V  D  I  O  J  Q  R
Q  S  B  M  R  V  E  I  U  O  Q  O  E  D  E  M
R  I  Æ  U  U  A  G  F  G  L  Í  F  R  Æ  N  T
T  V  R  I  D  T  S  T  N  Æ  R  G  V  S  T  S
P  Y  Ð  U  N  N  P  X  E  I  O  F  O  Þ  G  P
V  A  R  N  E  I  R  I  M  H  K  U  C  H  G  G
```

EFNI	MENNTUN
SJÁLFBÆR	LÍFRÆNT
VISTKERFI	VARNEIRI
HRINGRÁS	ENDURVINNA
HEILSA	BREYTINGAR
GRÆNT	MINNKA
BÚSVÆÐI	MENGUN
VEÐURFAR	SJÁLFBOÐALIÐI
UMHVERFIS	VATN

11 - Wiskunde

```
U  S  Þ  W  Þ  Þ  S  A  M  H  V  E  R  F  U  O
F  F  O  G  R  I  S  Í  V  S  I  D  L  E  V  T
E  I  Q  C  Í  Y  Y  Y  T  Ö  L  U  R  J  L  N
R  Q  Ð  E  H  W  D  Þ  J  O  W  Á  V  A  P  Z
N  Z  D  Æ  Y  U  Ð  F  S  O  Ð  O  M  T  Ð  T
I  A  E  Þ  R  S  A  M  H  L  I  Ð  A  M  E  Y
N  U  I  V  N  F  H  O  R  N  P  G  R  O  U  X
G  K  L  E  I  I  M  K  Ú  L  A  J  A  F  N  A
U  A  D  R  N  D  C  Ú  L  X  R  O  M  R  T  M
R  S  Þ  M  G  N  I  N  R  Y  H  G  R  A  M  M
S  T  N  Á  U  I  O  B  M  R  G  T  A  U  Q  U
K  A  O  L  R  B  Z  P  W  F  T  N  U  X  V  S
F  F  P  H  J  Á  L  Í  Ð  A  L  O  G  R  A  M
R  U  G  N  I  N  R  Y  H  T  T  É  R  N  T  H
N  N  Q  X  C  Y  A  I  B  U  H  S  O  B  J  V
L  Ð  S  C  P  R  G  K  K  N  J  S  E  P  O  S
```

KÚLA	SAMHLIÐA
AUKASTAF	HJÁLÍÐALOGRAM
ÞVERMÁL	RÉTTHYRNINGUR
DEILD	TÖLUR
ÞRÍHYRNINGUR	SUMMA
VELDISVÍSIR	SAMHVERFU
BROT	MARGHYRNING
RÚMFRÆÐI	JAFNA
HORN	FERNINGUR
UMMÁL	BINDI

12 - Gezondheid en Welzijn #1

```
M  Q  Y  R  P  E  F  Y  L  Æ  K  N  I  R  U  M
E  V  Q  I  V  I  Ð  B  R  A  G  Ð  T  A  W  C
Ð  E  Ð  N  Q  E  N  A  V  Ð  Ö  V  L  G  L  J
F  J  B  E  I  N  B  R  O  T  X  L  Ð  U  Z  W
E  G  F  K  L  B  O  I  D  B  B  Z  Þ  A  M  A
R  R  Ð  C  P  F  D  E  F  Z  G  E  K  T  B  P
Ð  C  F  Ú  S  W  X  V  Y  P  E  J  I  N  R  Ó
F  H  D  J  H  W  P  N  R  C  S  N  T  N  W  T
R  M  F  O  Y  O  B  T  L  Þ  X  T  P  V  U  E
G  U  Q  T  B  H  R  B  G  A  H  D  J  H  V  K
S  L  Ö  K  U  N  U  M  L  W  O  S  Ð  Ð  I  P
D  S  L  C  T  B  G  R  Ó  V  E  N  J  A  R  G
I  Ð  U  M  X  J  N  B  J  N  A  N  J  C  K  R
R  I  H  Æ  Ð  R  U  Í  R  E  T  K  A  B  U  H
F  E  F  F  J  Y  H  N  Ð  Ð  P  Ð  G  Q  R  Z
G  M  F  Æ  Ð  U  B  Ó  T  A  R  E  F  N  I  K
```

VIRKUR	HORMÓN
APÓTEK	HÚÐ
BAKTERÍUR	MEIÐSLUM
MEÐFERÐ	LYF
BEIN	SLÖKUN
BEINBROT	VIÐBRAGÐ
LÆKNIR	VÖÐVA
VENJA	FÆÐUBÓTAREFNI
HUNGUR	VEIRA
HÆÐ	TAUGAR

13 - Camping

```
H  J  Y  Y  V  A  S  T  Ö  Ð  U  V  A  T  N  J
S  H  A  D  T  É  N  H  S  V  B  P  T  C  O  J
N  Á  T  T  Ú  R  A  N  D  Y  N  W  J  Á  Y  Ð
M  G  U  Y  Þ  T  U  Þ  T  L  U  K  T  T  E  I
R  Z  G  Ð  M  R  G  G  V  V  T  M  F  T  Þ  W
S  K  O  R  D  Ý  R  D  Ó  N  A  K  X  A  N  N
O  V  H  I  L  L  A  J  F  K  R  U  T  V  V  Þ
K  O  R  T  A  O  Y  H  P  A  S  F  P  I  U  J
A  L  C  M  J  V  N  W  Æ  I  T  Y  F  T  U  T
B  G  G  H  T  A  U  V  V  Q  W  R  E  A  E  Þ
H  Y  S  R  V  V  E  J  I  P  I  E  R  L  F  A
H  E  N  G  I  R  Ú  M  N  D  V  T  U  N  G  L
H  A  T  T  U  R  H  Z  T  Ð  Ý  E  R  I  H  Y
E  L  D  U  R  M  R  U  Ý  O  C  R  I  N  C  E
R  Y  E  M  D  L  I  Ð  R  Þ  M  G  K  Ð  Y  F
A  W  Ð  Q  J  V  E  M  I  K  L  E  F  A  A  W
```

ÆVINTÝRI
FJALL
TRÉ
SKÓGUR
ELDUR
KLEFA
DÝR
HENGIRÚM
HATTUR
SKORDÝR

VEIÐA
KORT
KANÓ
ÁTTAVITA
LUKT
TUNGL
STÖÐUVATN
NÁTTÚRAN
TJALD
REIPI

14 - Algebra

```
F  R  Á  D  R  Á  T  T  U  R  T  L  A  P  F  J
V  A  N  D  A  M  Á  L  M  Z  I  Y  G  D  O  Q
E  I  N  F  A  L  D  A  V  F  Y  L  K  I  R  F
E  Q  D  G  R  H  P  J  I  G  W  Ð  V  H  M  H
P  V  B  O  T  R  P  K  Z  I  H  X  Q  N  Ú  H
Þ  Y  I  O  R  U  T  T  Á  Þ  B  U  D  Ú  L  E
S  K  Ý  R  I  N  G  A  R  M  Y  N  D  L  A  Q
H  X  Ð  Z  S  G  N  S  B  Þ  Z  M  L  G  L
B  Y  F  C  Í  A  A  L  F  K  V  O  Y  U  E  Í
G  R  O  S  V  M  R  S  P  Y  B  I  O  E  L  N
W  R  O  Q  S  L  A  U  S  N  D  J  G  B  N  U
W  E  A  T  I  R  T  E  Z  W  R  J  E  A  A  L
Ð  I  M  F  D  V  Y  Ð  Ð  L  T  Q  Q  N  D  E
V  T  M  Z  L  F  E  C  H  Þ  J  S  N  F  N  G
K  O  U  O  E  G  R  K  O  Þ  L  D  A  A  E  N
C  S  S  H  V  D  B  J  D  F  E  L  A  J  Ó  N
```

FRÁDRÁTTUR	FYLKI
SKÝRINGARMYND	NÚLL
VELDISVÍSIR	ÓENDANLEGA
ÞÁTTUR	LAUSN
FORMÚLA	VANDAMÁL
BROT	SUMMA
GRAF	RANGT
SVIGA	BREYTA
MAGN	EINFALDA
LÍNULEG	JAFNA

15 - Activiteiten

```
V D W Ð F H I T S I M Í T Þ S U
U E D T O Æ V X A Ð Æ J T Ú L L
K F I G F F U G U W D K U R Ö J
Þ G N Ð Þ N P O M G V A U M K Ó
M P K A I I T B A A R Ð N H U S
V K R E V L Á M J L Þ I Y S N M
L R I P T Q L Q K D S E K G A Y
X E V F S P I J R U D V H X J N
C V S G K A S I Y R O U O X G D
H D E T L Q T Q Ð S J Y Þ X Æ U
M N D D U T O I R Y N Z R E N N
N A P N J R Q M A C L Ð A P Á P
B H R M I L N Y G F W N U J R M
G Ö N G U F E R Ð I R R T W H P
B R Þ C X Ð F K J R U G I V W Z
K E R A M I K C N Y M I R K A C
```

VIRKNI   GALDUR
HANDVERK   SAUMA
DANSA   SLÖKUN
LJÓSMYNDUN   ÁNÆGJA
VEIÐI   ÞRAUTIR
VEIÐA   MÁLVERK
ÚTJÆÐA   GARÐYRKJA
KERAMIK   HÆFNI
LIST   TÍMIST
LESTUR   GÖNGUFERÐIR

16 - Vormen

```
P  E  A  D  Í  M  A  R  Ý  P  U  Þ  B  C  W  Þ
S  R  F  K  D  U  C  U  K  N  M  R  K  E  T  H
K  T  D  C  Q  S  Z  G  A  J  F  Í  E  L  E  C
Y  L  R  X  W  G  L  N  U  S  E  H  P  Y  Z  I
K  V  H  O  F  Y  Í  I  F  T  R  Y  F  Z  I  Q
F  P  L  V  K  W  N  N  S  B  Ð  R  C  B  Y  Þ
E  M  I  G  A  K  A  R  R  U  G  N  I  N  E  T
R  J  Ð  A  R  C  A  Y  O  M  S  I  R  P  C  R
I  V  T  L  Y  S  C  H  S  H  X  N  I  K  M  Þ
L  C  O  I  H  F  V  T  P  G  A  G  N  I  R  H
L  Z  C  E  L  Q  D  T  O  Þ  P  U  Ú  K  C  U
L  X  B  K  O  S  U  É  Z  R  S  R  R  T  H  C
C  Y  Þ  A  L  O  B  R  E  P  Y  H  B  Q  I  M
K  Ú  L  A  G  A  L  U  J  K  S  Ö  R  O  P  S
M  A  R  G  H  Y  R  N  I  N  G  Q  P  F  V  V
J  Z  F  E  R  N  I  N  G  U  R  Y  K  B  O  B
```

KÚLA	TENINGUR
ARC	LÍNA
STROKKA	SPORÖSKJULAGA
HRING	PÝRAMÍDA
FERILL	PRISM
ÞRÍHYRNINGUR	BRÚNIR
HORN	RÉTTHYRNINGUR
HYPERBOLA	UMFERÐ
HLIÐ	MARGHYRNING
KEILA	FERNINGUR

17 - Diplomatie

```
D  V  L  J  A  Þ  O  L  H  Á  H  S  S  R  S  S
Þ  Q  A  Y  Ð  I  S  R  R  L  E  A  A  Á  Á  T
D  V  J  Ð  P  Ð  J  T  Í  Y  I  M  M  Ð  T  J
M  F  L  R  Æ  Æ  M  T  K  K  L  S  F  G  T  Ó
S  E  N  D  I  R  Á  Ð  I  T  I  T  É  J  M  R
M  K  I  L  R  F  M  X  S  U  N  A  L  A  Á  N
D  A  A  Á  Ð  Ð  P  U  S  N  D  R  A  F  L  M
O  Q  T  M  T  I  K  Ö  T  Á  I  F  G  I  I  Á
Ð  A  W  U  T  S  I  X  J  L  A  U  S  N  P  L
B  O  R  G  A  R  A  R  Ó  Ö  R  Y  G  G  I  O
Þ  S  N  N  E  Y  A  R  R  E  H  I  D  N  E  S
F  R  M  U  Z  N  W  G  N  D  H  M  F  R  K  Z
T  X  B  T  D  I  P  L  O  M  A  T  I  C  J  A
M  A  N  N  R  Æ  Ð  I  T  Æ  L  T  T  É  R  S
V  W  I  P  E  I  G  S  G  M  Y  Q  L  C  F  T
C  P  F  Z  U  B  C  Q  A  K  Q  C  L  Z  Z  J
```

RÁÐGJAFI	MANNRÆÐI
SENDIRÁÐ	HEILINDI
SENDIHERRA	LAUSN
BORGARAR	STJÓRNMÁL
ÁTÖK	RÍKISSTJÓRN
DIPLOMATIC	ÁLYKTUN
UMRÆÐA	SAMSTARF
SIÐFRÆÐI	TUNGUMÁL
SAMFÉLAG	ÖRYGGI
RÉTTLÆTI	SÁTTMÁLI

18 - Astronomie

```
G Þ N I E T S T F O L S Z S E W
E Y A F E U T G Y A R T R Q L A
R N Þ Þ Y F J Þ E S Þ Þ S D D N
V G D E Y O Ö S K I P Z I J F R
I D Þ Þ J Þ R Y R U M I E H L A
T A J H X O N I U Q E F P U A J
U R Þ V I K U A N Ó J S A H U T
N A J Z E T M K T O O R K R G S
G F J B L I E K J U S Z R I I A
L L G K S Y R O R Ö N K C R N L
C O S M O S K Þ Z L R G X Ý I A
L R V R Þ D I I K Y S Ð L D A H
G E I S L U N A C S T J A R N A
O B S E R V A T O R Y C Q Z Z J
R E I K I S T J A R N A T J U K
C Y N K Q Ð S M Á S T I R N I E
```

JÖRÐ	OBSERVATORY
SMÁSTIRNI	REIKISTJARNA
GEIMFARI	ELDFLAUG
DÝRIR	GERVITUNGL
EQUINOX	STJARNA
HALASTJARNA	STJÖRNUMERKI
COSMOS	GEISLUN
TUNGL	SJÓNAUKI
LOFTSTEIN	ALHEIMUR
ÞOKKA	ÞYNGDARAFL

19 - Emoties

```
L  V  M  I  Ð  E  L  G  C  D  D  Q  X  K  G  Þ
U  É  X  N  A  I  F  Ð  T  U  E  C  F  B  Þ  A
Z  E  T  B  U  Ð  K  N  Þ  I  R  H  I  Z  P  K
N  Z  S  T  F  I  A  Þ  I  Ó  T  T  I  R  Q  K
N  B  Á  P  I  E  E  F  U  L  L  N  Æ  G  T  L
S  Z  B  L  D  R  Y  S  A  M  Ú  Ð  H  V  Q  Á
A  U  E  X  N  U  M  S  H  Z  V  V  K  O  E  T
L  O  G  N  I  Ð  S  T  P  B  I  K  Y  G  C  U
Æ  D  R  K  Ð  I  L  A  L  E  E  Y  B  Ó  B  R
S  Y  O  W  I  R  I  A  C  O  N  X  Y  Ð  A  V
N  O  S  Þ  E  F  N  A  N  W  U  N  T  V  Q  Þ
P  M  Þ  Y  L  C  R  A  M  K  S  Y  T  I  V  G
I  O  I  Þ  N  A  Z  Þ  C  B  C  A  C  L  P  N
V  A  N  D  R  Æ  Ð  A  L  E  G  U  R  D  R  Ó
A  F  S  L  A  P  P  A  Ð  U  R  Z  M  Q  K  P
I  I  J  J  P  Z  P  L  J  T  L  Y  O  N  R  S
```

ÓTTI	LÉTTIR
VANDRÆÐALEGUR	RÓ
ÞAKKLÁTUR	SAMÚÐ
SORG	EYMSLI
SÆLA	FULLNÆGT
EFNI	LEIÐINDI
LOGN	FRIÐUR
ÁST	GLEÐI
AFSLAPPAÐUR	GÓÐVILD
SPENNT	REIÐI

20 - Vakantie #2

```
A  V  Q  K  U  L  V  Y  O  T  T  Ú  K  F  Ú  E
Z  R  D  O  U  F  Ó  X  M  L  J  T  Y  E  T  R
R  U  Z  R  X  W  J  Z  N  E  A  J  B  R  L  L
S  Ð  I  T  V  T  S  A  L  S  L  Æ  Y  Ð  E  E
V  A  T  Í  M  I  S  T  R  T  D  Ð  R  J  N  N
Z  T  M  H  Þ  L  J  E  I  A  Q  A  Z  U  D  D
I  S  E  G  H  Q  T  Q  D  I  D  M  J  F  I  U
Z  A  E  U  Ö  Ð  U  N  N  Ð  X  Y  E  L  N  M
S  G  V  B  R  N  C  Z  Y  V  H  V  C  U  G  A
T  N  K  Ð  N  V  G  J  M  E  Ó  F  Q  G  U  F
A  A  B  E  X  C  R  U  N  G  T  R  F  V  R  R
X  F  J  O  Y  K  C  M  R  A  E  Í  J  Ö  K  K
I  Á  M  Z  S  J  E  F  K  B  L  V  Ö  L  G  A
V  T  Q  T  K  J  A  Z  O  R  E  M  L  L  M  Z
M  H  Z  S  N  H  O  Z  Z  É  Z  U  L  U  C  B
W  N  B  X  E  K  C  R  D  F  O  F  T  R  W  W
```

FJÖLL	VEGABRÉF
ÁFANGASTAÐUR	FERÐ
ÚTLENDINGUR	FJARA
ERLENDUM	TAXI
EYJA	TJALD
MYNDIR	LEST
HÓTEL	FRÍ
KORT	SAMGÖNGUR
ÚTJÆÐA	TÍMIST
FLUGVÖLLUR	SJÓ

21 - Weersomstandigheden

```
P W K A F S O Þ Ð Q Y K L N T F
F Ð B Y Þ W T T U J Y M S Z G E
P M V K Þ J U O P R A L O P V L
V Ð E H E K T G R Y R T N N I L
T E J N J Þ I T B M Ý K S V N I
R N Ð Ó L F S Þ K Y U A A F D B
O E K U Q Q S H Ð L R S R U Y
P M Q M R R E G N B O G I J R L
I Y Þ U U F D G I T S A T I H U
C J Ð O E W A A X E P I O K R R
A Z N Þ B V K R V R U P R F U E
L Þ Z F Þ E Ó K O N Ú S N O M L
H I M I N N Þ L H D X Í A R U D
S T J Ó R N M Á L P E M D G R I
B N U I K Þ T H L J T Y O J Þ N
Y U V W B S A N Y Y N V O Ð U G
```

STJÓRNMÁL
ELDING
ÞRUMUR
ÞURRKAR
HIMINN
ÍS
VEÐURFAR
ÞÓKA
MONSÚN
FELLIBYLUR

FLÓÐ
POLAR
REGNBOGI
STORMUR
HITASTIG
TORNADO
TROPICAL
RAKT
VINDUR
SKÝ

22 - Strand

```
N D S H A N D K L Æ Ð I S G G C
N H B T A Q P V F W R H E Q M F
U U E X R U D N A S O S G Ð H J
R V T U B Ö F Ó S Z E W L O A X
N H A F L I N L J S U H B L Ð C
A P K V Á B X D Ó Ó E A Á J Þ H
Ð S Ó R R O U B I L I U T R I F
S Þ K T A J Y E P N A Þ U R M P
Y Y S E N B Y U L L N Y R Z Q A
N L U G L H B D Ð P Q I M W G G
D E I J J J D I R E G N H L Í F
A C W K O N A L V H U J P B R Þ
N H U J G G Y R B Á T U R C F A
J D I E Þ H U O Þ H K I O G H Ð
I P I O L E K G V O I Z K U B N
F I O O T K K L S Z D R C E O F
```

BLÁR
BÁTUR
BRYGGJU
EYJA
HANDKLÆÐI
KRABBI
STRÖNDINNI
LÓN
HAF
REGNHLÍF

RIF
SKÓ
SKELJAR
FRÍ
SANDUR
SJÓ
SEGLBÁTUR
SÓL
AÐ SYNDA

23 - Eten #2

```
L H S J I M L K A K N I K S Y W
N R P W I X Y Q J U V N Í N O I
S Í E H M T K B K Q T Þ V K U J
J S R U V E G G S W K Ð Í A B T
Þ G G G P E Q I R N J E U N Z M
I R I R M C I S E L F A N A I Q
Y J L Y W C O T F G T P O N R J
B Ó K A S P A S I F R Ó F A B B
A N Á O S T U R C I Ú X M S H Y
N K L V Í N B E R S G N D A T W
A O B G K F Þ B Þ K Ó Þ W U T Z
N I D L A G G E P U J Ð K Z B V
I J U L E L B P A R T L D Q H L
X W R R P X I O J I B Z R Ð V O
T Y Ð U L E K J Y D M Ö N L U Ð
R U G N I L K Ú J K Z X X D J A
```

MÖNLU
ANANAS
EPLI
ASPAS
EGGALDIN
BANANI
SPERGILKÁL
BRAUÐ
VÍNBER
EGG

SKINKA
OSTUR
KJÚKLINGUR
KÍVÍ
FERSKJA
HRÍSGRJÓN
HVEITI
TÓMAT
FISKUR
JÓGÚRT

24 - Klimmen

```
M R U G N I Ð Æ R F R É S N Y L
O Z H W F A G U E G S H T R O K
K T J L Í K A M L E G T Ö H D A
K M Á S T J Ó R N M Á L Ð L Æ E
M X L G Ð Y J O D C Þ K U A Þ Ð
Z X M I N V C O R P O M G V R R
L Ð U I R W E Z G X O E L J Ö F
Ð Þ R U K R Y T S M H I E Þ N S
K Þ I Y H N D Ð K A Ð Ð I J G F
J H N Y S T Í G V É L S K Á T O
I G A L S D N A L D F L I L G R
H X R N D Þ E N Þ S G U B F Y V
E D O N S U H C A L H M Y U G I
L I K H F K M X O W F I B N Z T
L H S N F X A O V I J B U T X N
I X Á L E I Ð S Ö G U M E N N I
```

STJÓRNMÁL   STYRKUR
SÉRFRÆÐINGUR   STÍGVÉL
LÍKAMLEGT   MEIÐSLUM
LEIÐSÖGUMENN   FORVITNI
HELLI   ÞJÁLFUN
HANSKA   ÞRÖNGT
HJÁLMUR   STÖÐUGLEIKI
HÆÐ   LANDSLAGI
KORT   ÁSKORANIR

25 - Geologie

```
S  T  A  L  A  G  M  I  T  E  S  M  P  Z  P  S
R  S  L  U  I  J  Q  U  H  Á  L  E  N  D  I  T
A  T  A  A  M  A  A  Y  Í  Y  V  F  F  T  Ð  E
V  E  H  Ð  G  R  Z  L  X  S  B  R  Q  B  Æ  I
K  I  J  T  Þ  Ð  I  R  M  K  L  S  M  T  V  N
C  N  D  R  F  S  H  E  L  L  I  A  O  D  S  N
L  E  Z  W  N  K  Þ  Y  R  Ð  F  U  K  V  V  D
K  F  J  U  U  J  I  W  A  G  O  S  H  V  E  R
Á  N  H  X  N  Á  Ð  A  L  H  R  A  U  N  W  D
L  I  R  F  S  L  B  B  L  L  A  Y  N  R  A  O
F  O  R  N  B  F  S  T  A  L  A  C  T  I  T  E
U  I  U  Q  R  T  H  S  T  I  E  J  P  M  N  G
N  Ð  M  K  Ð  I  W  Ý  S  A  Ð  P  F  V  Þ  U
N  K  Ó  R  A  L  L  R  I  S  A  L  T  D  W  O
I  C  C  Þ  D  Ð  V  A  R  W  X  D  A  Q  L  B
W  I  X  J  Y  Þ  Þ  S  K  Q  S  M  N  E  T  E
```

JARÐSKJÁLFTI	HRAUN
KALSÍUM	STEINEFNI
ÁLFUNNI	HÁLENDI
ROF	STALACTITE
GOSHVER	STALAGMITES
HELLI	STEINN
KÓRALL	ELDFJALL
KRISTALLAR	SVÆÐI
KVARS	SALT
LAG	SÝRA

26 - Specerijen

```
F  Þ  E  O  G  U  M  M  O  M  E  D  R  A  K  M
U  K  H  N  Ð  L  I  N  A  K  L  H  U  V  T  P
W  D  V  E  G  L  Y  S  E  S  U  Y  T  C  M  S
G  Ð  V  M  A  I  D  S  S  R  A  P  I  P  J  H
N  U  K  Ú  R  N  F  L  Ð  U  A  F  B  T  V  U
G  E  R  K  B  A  C  E  P  K  N  Z  F  S  V  I
Z  U  G  J  Z  V  T  N  R  U  Í  L  S  R  H  B
B  E  E  U  Z  R  U  N  U  A  S  P  Q  U  A  V
S  A  L  T  L  N  U  E  T  L  Y  Y  P  K  K  N
K  A  R  R  Ý  L  J  F  Æ  V  W  Q  Ð  U  I  B
Q  Q  C  S  L  A  H  T  S  S  Ð  P  W  A  R  T
M  S  X  P  F  S  S  T  B  W  E  H  S  L  P  M
W  K  Ó  R  Í  A  N  D  E  R  Z  Z  Ð  T  A  U
T  U  X  C  D  X  S  O  T  S  H  Þ  S  Í  P  P
M  J  M  Ú  S  K  A  T  J  H  E  A  D  V  O  Y
N  Z  G  I  V  Q  S  J  L  V  R  Þ  G  H  L  U
```

ANÍS
BITUR
ENGIFER
KANIL
KARDEMOMMU
KARRÝ
HVÍTLAUKUR
KÚMEN
KÓRÍANDER
NEGULL

MÚSKAT
PAPRIKA
PIPAR
SAFFRAN
BRAGÐ
LAUKUR
VANILLU
FENNEL
SÆTUR
SALT

27 - Groenten

```
A  H  Ð  N  A  S  G  S  E  K  O  H  I  T  R  A
M  I  G  B  W  P  R  V  N  H  V  Z  P  E  D  M
N  S  O  M  C  Í  A  E  G  Y  Q  U  K  R  Ú  G
Ð  S  M  X  V  N  S  P  I  P  V  V  D  Æ  Z  K
S  A  L  A  T  A  K  P  F  Y  O  D  A  Ð  Z  T
A  E  J  Z  D  T  E  I  E  X  R  Ó  C  J  K  N
V  P  Y  F  N  R  R  R  R  L  U  H  L  A  X  S
S  K  A  L  O  T  T  L  A  U  K  U  R  Í  M  T
E  Q  O  P  Z  T  A  G  R  W  U  H  G  V  F  E
G  G  B  F  Æ  Q  M  C  L  Y  A  I  U  Y  D  I
H  U  G  J  P  N  Ó  S  E  L  L  E  R  Í  Z  N
K  E  C  A  M  D  T  P  Þ  H  T  G  S  V  V  S
Þ  N  I  I  L  A  C  Y  M  M  Í  F  B  F  L  E
D  B  Ð  Q  S  D  T  B  S  Y  V  W  Y  L  N  L
G  X  V  Ð  M  H  I  L  G  E  H  S  L  H  K  J
L  A  U  K  U  R  Þ  N  F  A  U  S  G  J  X  A
```

ARTIHOKE
EGGALDIN
PEA
ENGIFER
HVÍTLAUKUR
GÚRKU
ÓLÍF
SVEPPIR
STEINSELJA

GRASKER
NÆPA
RÆÐJA
SALAT
SELLERÍ
SKALOTTLAUKUR
SPÍNAT
TÓMAT
LAUKUR

28 - Archeologie

```
T  P  R  Ó  F  E  S  S  O  R  D  B  V  M  O  S
M  E  E  T  Ö  R  Á  Ð  G  Á  T  A  Y  Y  N  É
V  R  M  X  R  A  M  G  U  N  K  C  W  V  K  R
D  Q  Z  P  G  T  F  J  G  B  K  R  O  P  L  F
B  R  O  T  L  W  Ð  K  A  I  E  A  Z  W  N  R
D  N  Ð  W  G  E  M  R  O  N  Þ  B  S  B  I  Æ
Þ  Z  I  B  E  I  N  A  U  M  Ó  Q  A  A  Ð  Ð
R  M  Y  K  O  H  S  N  O  U  A  G  S  S  U  I
M  N  G  I  L  A  N  N  Q  M  L  N  X  X  R  N
Ð  I  L  L  E  Y  I  S  S  Í  I  I  D  V  S  G
M  O  N  F  Q  V  W  Ó  V  T  W  N  L  I  T  U
W  M  O  N  U  Þ  B  K  K  M  R  I  Ö  Q  Ö  R
V  T  D  Ð  I  H  M  N  O  Y  K  E  N  R  Ð  R
S  O  B  B  G  F  A  I  Þ  E  H  R  R  K  U  Z
H  L  U  T  I  X  T  R  G  L  K  G  O  Y  R  V
S  I  Ð  M  E  N  N  I  N  G  G  M  F  B  K  C
```

GREINING	HLUTI
SIÐMENNING	ÓÞEKKT
NIÐURSTÖÐUR	RANNSÓKNIR
BEIN	FORNÖLD
SÉRFRÆÐINGUR	PRÓFESSOR
MAT	MINNI
BROT	LIÐ
GRÖF	TEMPLE
RÁÐGÁTA	TÍMUM
AFKOMANDI	GLEYMT

29 - Ziekte

```
B U E W H F H Ó K Ö T W P S L E
W R B Ó L G A N V N A L K Ý S X
Z B Á F K X S Æ I D U V H I X P
E Y W Ð W U L M Ð U G Þ N L E U
L S O G A Þ I I D N A T I M S V
C I K D L J E A B A K Ð A B T W
R N I E B F H Í T R V A K Þ O I
R U G N E G F R A F I M Q Z M S
Þ S O J G W C E O Æ L E K A P V
B V M L T H I T D R L Ð V O Þ Z
L Í K A M I J K L I A F R W T L
O F N Æ M I O A V S H E B L F Þ
Þ V J A D Z I B R F H R U H Ð Þ
H E I L K E N N I T J Ð Y Z D Z
G Þ Þ Ð N Y Þ M V K A O A Ð Ð M
U O L A N G V A R A N D I T X K
```

BRÁÐ	HJARTA
ÖNDUNARFÆRI	ÓNÆMI
OFNÆMI	LÍKAMI
BAKTERÍA	TAUGAKVILLA
SMITANDI	BÓLGA
BEIN	SINUS
KVIÐ	HEILKENNI
LANGVARANDI	MEÐFERÐ
ARFGENGUR	SÝKLA
HEILSA	VEIK

30 - Mythologie

```
D G D Ð T W I R A H I H Q B G S
L X A H H W J C G R Ö B Ð A O E
U A W S Ð J K H A M K R O Z L J
F R U K R Y T S S Þ E E M B M S
G S Q E F R H C Ð R Q N T U Y E
J D D P G O T W Ó U H Y N Y N D
Ö B D N F E H R J M N P U I P G
F F K A J T E H Þ U P L Ð T N E
U R U Ð A M S Ð Í R T S G Ö A G
N S K Ö P U N R B U Y B E F E N
D Ð E F S K R Í M S L I H R P I
D A U Ð L E G W B H M Q Z A P D
H I M N A R Í K I Z J T E N Ð L
V Ö L U N D A R H Ú S J T D W E
P D E T Z W P E Y L Y Y C I F J
L X A P F P Ó D A U Ð L E I K A
```

ARKETYPE	STYRKUR
ELDING	STRÍÐSMAÐUR
SKÖPUN	ÞJÓÐSAGA
MENNING	TÖFRANDI
ÞRUMUR	SKRÍMSLI
VÖLUNDARHÚS	ÓDAUÐLEIKA
HEGÐUN	HÖRMUNG
HETJA	DAUÐLEG
HIMNARÍKI	SKEPNA
ÖFUND	HEFND

31 - Eten #1

```
W  P  U  B  Ð  R  B  A  Y  P  I  H  U  E  P  N
P  Ð  N  T  K  S  Y  F  P  E  L  Þ  T  S  Q  R
N  E  Ó  C  S  J  G  A  C  R  U  K  Y  S  S  C
D  Þ  R  J  P  D  G  S  Q  U  Í  H  C  V  A  B
F  A  T  A  N  Í  P  S  F  K  U  K  Y  L  L  A
T  P  Í  L  A  U  K  U  R  U  T  R  Ó  P  A  S
Ö  Ú  S  I  T  U  L  Ð  G  A  Þ  P  S  S  T  I
J  S  N  B  F  R  T  H  K  L  D  T  L  T  A  L
K  Y  S  F  L  D  X  N  Ð  T  L  A  S  P  U  E
X  R  Y  C  I  H  Q  E  I  Í  T  H  I  J  E  N
N  S  V  Z  N  S  K  T  Þ  V  B  O  G  T  H  I
E  Y  U  Ð  A  J  K  U  Q  H  W  Q  W  P  F  R
Y  M  B  V  K  V  L  U  P  H  W  T  I  H  V  H
X  N  W  X  L  A  Ó  C  R  T  X  I  E  D  Q  T
K  A  H  T  D  O  J  G  U  L  R  Ó  T  W  M  Þ
Z  Þ  B  C  O  D  M  J  A  R  Ð  A  R  B  E  R
```

JARÐARBER
APRÍKÓSA
BASIL
SÍTRÓNU
BYGG
KANIL
HVÍTLAUKUR
MJÓLK
PERA
HNETU

SALAT
SAFA
SÚPA
SPÍNAT
SYKUR
TÚNFISKUR
LAUKUR
KJÖT
GULRÓT
SALT

32 - Avontuur

```
Ó  V  E  N  J  U  L  E  G  T  X  B  U  Ö  E  U
U  N  D  I  R  B  Ú  N  I  N  G  U  R  R  L  Q
G  D  X  R  H  N  Ð  N  D  J  S  X  R  Y  D  X
J  B  S  I  U  Æ  V  W  N  P  E  D  Y  G  M  O
F  S  G  N  F  Z  T  S  A  Ð  R  E  F  G  Ó  Y
Á  Ó  V  A  R  T  Q  T  V  F  X  Y  Y  I  Ð  H
Z  F  C  R  A  D  X  H  U  J  S  F  B  N  Þ  O
L  E  U  O  G  Þ  E  U  N  L  L  M  C  K  I  Ð
N  G  E  K  N  B  B  G  M  Á  E  U  U  R  N  F
Y  U  N  S  I  Ð  Ð  R  N  F  T  G  M  I  L  L
R  R  Þ  Á  L  G  K  E  S  Ý  C  T  T  V  O  Í
I  Ð  E  L  G  O  I  K  C  W  T  Q  Ú  W  F  K
N  I  L  B  I  B  E  K  H  I  T  T  K  R  R  U
I  T  Y  A  S  V  T  I  G  L  Ð  Z  E  O  A  R
V  B  Á  F  A  N  G  A  S  T  A  Ð  U  R  X  N
B  S  K  O  Ð  U  N  A  R  F  E  R  Ð  Y  H  M
```

VIRKNI	NÝTT
ÁFANGASTAÐUR	ÓVENJULEGT
ELDMÓÐ	FERÐAST
SKOÐUNARFERÐ	FEGURÐ
HÆTTULEGT	ÁSKORANIR
LÍKUR	ÖRYGGI
HUGREKKI	Á ÓVART
VANDI	UNDIRBÚNINGUR
NÁTTÚRAN	GLEÐI
SIGLINGAR	VINIR

33 - Restaurant #2

```
L L E Q E Þ E W F G K Á N K Ð W
G A F F A L Ó T S S V V Ú A U K
L J Ú F F E N G U R A Ö Ð K H T
Q U F Z S O U S A U T X L A Á Þ
U O F J Z Ú A X K T N T U S D J
C M Z B E F P T L A S U R L E Ó
E G M L L W S A V M K R B Z G N
D G R D Y N K Þ F D D Y R K I N
C X G Æ Y Þ Q P I L Þ P Ð A S N
S U J K N H Y Z S Ö N Í Y Ð V K
L X Y P Q M J L K V X S J Z E E
K S N T U Þ E X U K F X J F R A
D R Y K K U R T R G S L X V Ð C
S A L A T U Z Ð I E K S G D U B
E B K T B S N H I T N S B Z R J
W J E Q D C C L I J M M S Z U Z
```

KAKA	NÚÐLUR
KVÖLDMATUR	ÞJÓNN
DRYKKUR	SALAT
EGG	SÚPA
ÁVÖXTUR	KRYDD
GRÆNMETI	STÓL
LJÚFFENGUR	FISKUR
ÍS	GAFFAL
SKEIÐ	VATN
HÁDEGISVERÐUR	SALT

34 - De Media

```
Þ  E  S  T  A  Ð  R  E  Y  N  D  I  R  Q  Y  A
U  F  I  G  M  P  Q  M  F  M  A  Ð  W  L  S  Q
N  J  T  N  C  E  Q  F  C  H  F  Ö  I  W  J  Z
Ð  Á  P  I  S  Z  N  U  F  P  Á  L  I  T  Ó  Z
N  R  I  S  T  T  R  N  X  F  G  B  G  Á  N  V
E  M  K  Ý  Í  U  A  V  T  S  T  G  Ú  N  V  S
T  Ö  S  L  M  Y  G  K  Ð  U  Ú  A  T  E  A  T
E  G  M  G  A  Þ  N  S  L  J  N  D  V  T  R  A
R  N  A  U  R  X  I  L  T  I  K  S  A  I  P  F
W  U  S  A  I  E  S  L  N  A  N  M  R  N  B  R
R  N  H  Þ  T  X  Ý  B  U  Y  Ð  G  P  U  F  Æ
Z  V  Q  L  V  O  L  Q  Q  C  P  B  U  A  U  N
E  N  N  Z  R  S  G  N  S  F  E  N  Æ  R  X  D
C  S  U  C  T  P  U  W  F  F  Þ  T  N  R  A  S
E  M  U  G  E  L  A  N  U  M  S  T  I  V  Y  V
D  O  P  I  N  B  E  R  U  Ð  A  N  Ð  I  X  X
```

AUGLÝSINGAR	DAGBLÖÐ
AUGLÝSING	STAÐBÆR
SAMSKIPTI	ÁLIT
STAFRÆN	NET
ÚTGÁFA	MENNTUN
STAÐREYNDIR	Á NETINU
FJÁRMÖGNUN	OPINBER
EINSTAKLINGUR	ÚTVARP
IÐNAÐUR	SJÓNVARP
VITSMUNALEGUM	TÍMARIT

35 - Bijen

```
X  G  D  N  I  V  Z  E  W  O  Q  B  Z  Á  B  L
D  A  Ð  R  U  T  A  M  V  L  K  Ý  P  V  L  Ð
U  G  P  I  O  I  V  C  I  H  X  F  S  Ö  Ó  I
F  N  C  F  D  T  T  Ð  E  M  Ó  L  B  X  M  V
Z  L  R  O  K  G  T  P  X  M  X  U  J  T  S  I
P  E  U  E  Y  I  R  N  K  D  H  G  X  U  T  S
O  G  Ð  T  Y  B  N  U  I  T  W  N  Y  R  R  T
L  S  R  S  Þ  K  I  V  K  N  J  A  K  C  A  K
Z  I  A  Ó  Þ  N  U  Æ  K  Q  G  B  V  N  R  E
Z  J  G  L  P  N  U  R  E  O  N  Ú  B  A  M  R
B  Ú  S  V  Æ  Ð  I  F  W  J  A  D  O  F  X  F
F  R  J  Ó  K  O  R  N  V  S  N  T  O  X  L  I
V  J  R  K  Þ  M  P  G  A  W  U  Z  L  Ð  Þ  O
Z  R  Z  G  U  B  Þ  R  B  V  H  F  I  E  I  J
W  A  R  U  R  B  K  G  H  S  K  O  R  D  Ý  R
V  Æ  N  G  I  F  J  Ö  L  B  R  E  Y  T  N  I
```

FRÆVUN	DROTTNING
BÝFLUGNABÚ	REYKUR
BLÓM	FRJÓKORN
BLÓMSTRA	GARÐUR
FJÖLBREYTNI	VÆNGI
VISTKERFI	MATUR
ÁVÖXTUR	GAGNLEG
BÚSVÆÐI	VAX
HUNANG	SÓL
SKORDÝR	KVIK

36 - Wandelen

```
W  A  W  S  E  Y  M  U  Y  E  G  Þ  F  G  F  Z
E  A  Y  T  L  L  I  V  Q  Z  B  U  J  D  U  V
H  R  V  E  U  F  H  Q  F  F  R  N  B  Þ  N  E
Z  V  O  F  N  M  B  B  K  X  M  G  L  A  D  Ð
C  A  F  N  D  O  Ð  J  Q  O  Ú  T  L  C  I  U
T  T  C  U  I  S  K  A  W  H  R  T  A  Y  N  R
T  N  H  M  R  K  V  R  Þ  F  B  T  J  B  U  F
L  J  Q  Ö  B  Í  E  G  F  N  S  Z  F  Æ  M  A
Q  Ð  O  R  Ú  T  Ð  Q  Y  N  Y  S  T  Y  Ð  R
K  R  W  K  N  Ó  U  L  S  T  Í  G  V  É  L  A
L  C  N  U  I  F  R  Ý  D  G  S  S  R  D  F  V
R  T  I  N  N  L  Þ  R  E  Y  T  T  U  R  J  U
S  U  P  T  G  U  Ó  N  Á  T  T  Ú  R  A  N  Ð
Z  U  H  W  U  G  G  S  B  X  R  V  X  Y  G  O
J  V  E  Þ  R  U  S  T  E  I  N  A  R  K  P  Z
C  S  Y  B  O  R  U  Ð  R  A  G  M  K  E  C  Þ
```

FJALL	STEFNUMÖRKUN
DÝR	GARÐUR
KORT	STEINAR
ÚTJÆÐA	FUNDINUM
BJARG	UNDIRBÚNINGUR
VEÐURFAR	VATN
STÍGVÉL	VEÐUR
ÞREYTTUR	VILLT
MOSKÍTÓFLUGUR	SÓL
NÁTTÚRAN	ÞUNGT

37 - Biologie

```
P  Ö  S  Þ  Þ  U  Þ  Z  S  J  Q  F  R  C  Z  A
R  N  K  B  R  T  B  F  S  I  Ð  Æ  R  F  T  F
Ó  D  R  C  Ý  Ó  Þ  C  Z  L  Þ  H  G  U  A  T
T  U  I  J  D  E  U  Z  C  Ý  W  Q  O  S  M  K
Í  N  Ð  O  N  F  V  N  O  B  V  F  O  Ó  L  A
N  K  D  X  E  D  D  E  U  M  R  J  C  M  J  M
Ó  O  Ý  Q  P  W  T  C  O  A  T  X  C  S  Ó  U
M  L  R  B  S  Q  E  Þ  N  S  Ð  V  N  O  S  R
R  L  L  Í  F  F  Æ  R  A  F  R  Æ  Ð  I  T  F
O  A  N  Á  T  T  Ú  R  U  L  E  G  T  W  I  A
H  G  N  I  N  T  I  L  T  T  Z  G  B  X  L  G
S  E  S  P  A  N  Y  S  G  C  V  A  D  U  L  U
R  N  A  V  D  I  W  E  N  S  Í  M  B  I  Í  A
S  T  Ö  K  K  B  R  E  Y  T  I  N  G  V  F  T
W  W  B  J  C  F  Q  F  Y  H  A  H  D  Q  U  Ð
A  N  R  Þ  A  W  N  G  D  N  X  V  Þ  P  N  T
```

ÖNDUN
LÍFFÆRAFRÆÐI
FRUMA
LITNING
KOLLAGEN
PRÓTÍN
FRÆÐI
ENSÍM
ÞRÓUN
LJÓSTILLÍFUN

HORMÓN
STÖKKBREYTING
NÁTTÚRULEGT
TAUGAFRUMA
OSMÓSU
SKRIÐDÝR
SAMBÝLI
SYNAPSE
TAUG
SPENDÝR

38 - Landen #1

```
Í  B  R  A  S  I  L  Í  A  Z  F  Y  E  S  N  G
S  Y  V  N  Z  U  L  Ð  W  B  O  A  G  E  Í  J
R  L  I  Y  Y  K  Ð  C  B  O  V  D  Y  N  K  Q
A  D  W  P  Þ  T  C  A  M  A  N  A  P  E  A  K
E  B  C  G  E  D  J  X  Í  A  D  N  T  G  R  B
L  Z  P  H  M  N  Q  Z  A  R  N  A  A  A  A  E
G  I  Ð  T  I  A  Ý  B  Í  L  A  K  L  L  G  L
J  L  W  L  G  L  L  A  D  R  L  K  A  Q  V  G
N  Í  B  L  P  A  E  Y  Ó  T  T  A  N  Q  A  Í
O  T  A  H  X  K  V  Ð  B  Q  T  A  D  T  Ð  A
R  A  U  H  Q  S  Z  B  M  Ð  E  S  P  Á  N  N
E  L  Z  U  J  Ý  D  N  A  L  L  Ó  P  Þ  N  B
G  Í  P  E  Y  Þ  S  S  K  M  A  R  O  K  K  Ó
U  A  R  Ú  M  E  N  Í  A  H  D  A  U  M  S  R
R  Z  P  N  T  Ð  W  E  J  B  J  W  R  H  R  K
L  G  I  M  S  K  N  U  I  J  L  B  S  C  Q  F
```

BELGÍA	LETTLAND
BRASILÍA	LÍBÝA
KAMBÓDÍA	MAROKKÓ
KANADA	NÍKARAGVA
CHILE	NOREGUR
ÞÝSKALAND	PANAMA
EGYPTALAND	PÓLLAND
ÍRAK	RÚMENÍA
ÍSRAEL	SENEGAL
ÍTALÍA	SPÁNN

39 - Installaties

```
Q O S S O M X G N J B G Þ W U H
W Z S K C X R K T I D A R O L F
B A U N Ó S M M B J T R E B L A
D O T Ó R G Þ O L Q L Ð D D L J
Q Ð K Q G E U P Ó D F U U O G F
Þ K A W C W G R M M S R L H R U
M U K L A U F R B A M B U S Ó W
A W T O L D G D A E X J Q K Ð Q
J U R T N P W Y G S Þ U Þ F U B
G R A S A F R Æ Ð I W W K W R Q
Á B U R Ð U R R U L F Z J M S U
K N J J M A Þ Z O D E O S I O C
A Y Ð H C G A Y T L J J P B Ð N
P I B T A D H L M R E M I U W K
P V U K Y Y P B F U É R R S B G
X Y U Þ N S M I I Þ F Þ G H Y N
```

BAMBUS	GRAS
BER	IVY
LAUF	JURT
BLÓM	ÁBURÐUR
TRÉ	MOSS
BAUN	GRASAFRÆÐI
SKÓGUR	BUSH
KAKTUS	GARÐUR
FLORA	GRÓÐUR
SM	RÓT

40 - Agronomie

```
V I S T F R Æ Ð I F Y L S R H N
Y V V W M I R Q V Í S I N D I X
E Z A M U M H V E R F I I C S S
H J R T A D F Z V U K N L Y J O
A C O G N I A Q P H P K I G Ú R
S U Y Q R V Ö X T U R F O R K S
O R K A M Æ O X D J M R D T D J
U Þ T Y A M N O J G S Æ R G Ó Á
S T E Þ T W O M Z G W J C Y M L
L H I J U E F N E G Q D U H A F
Y Þ K I R C Q S I T I E V S V B
L Í F R Æ N T Q N H I F R E K Æ
F R A M L E I Ð S L A Y R C U R
Ð X S M E N G U N W B K F N A Y
R A N N S Ó K N I R U Ð R U B Á
L A N D B Ú N A Ð U R C C E L U
```

SJÁLFBÆR	RANNSÓKNIR
VISTFRÆÐI	LÍFRÆNT
ORKA	FRAMLEIÐSLA
ROF	KERFI
VÖXTUR	MENGUN
GRÆNMETI	MATUR
LANDBÚNAÐUR	VATN
SVEIT	VÍSINDI
ÁBURÐUR	FRÆ
UMHVERFI	SJÚKDÓMA

41 - Oceaan

```
S R H Z W N R Þ S T Z T X X P A
J V Ö K W Q I Ö T Ú M D Þ V S P
Á N F Y O Þ L R O N X I X F F R
V L R A K Á H U R F V D G G I Æ
A D U T L A S N M I U I J P S K
R D N T B E K G U S R X O I K J
F Z G Y W K J A R K U I Y D U A
Ö R U L P O A Q I U H X F H R E
L E R G M L L S A R T S O V E B
L L A R Ó K D V I U A G Y A H S
D E J A I R B G P P K E E L O B
B G J M D A A M Y M A R L U S N
B Á T U R B K Á U A A P A R X T
K Z E B L B A L S V M G K B N K
X F M M I I L L G S G U W R B E
U S Z V K Ð C N F H X D P V G I
```

ÁLL	KOLKRABBI
ÞÖRUNGA	OSTRA
BÁTUR	RIF
HÖFRUNGUR	SKJALDBAKA
RÆKJA	SVAMPUR
SJÁVARFÖLL	STORMUR
HÁKARL	TÚNFISKUR
KÓRALL	FISKUR
KRABBI	HVALUR
MARGLYTTA	SALT

42 - Landen #2

```
X I C L O Z U L D R L G F Ð I V
V H K T Z S X I N M Þ Y Þ C N S
D N A L K K I R G R F Ð F E D Q
S O Í W T J C E B Q V U B Q Ó S
Ý N R G Z A J A M E X Í K Ó N Ó
R A Ú X E O B B D V V Þ K R E M
L B S H C R F W A D N A G Ú S A
A Í S V X A Í V N A P A J W Í L
N L L R I T Q A M E A U Þ Q A Í
D V A G Y O Y Í Ö L Þ D U N Í A
Í J N X S Q A S R A C Í J I N N
R D D S R W V A K O B S Ó Q E V
L A P E N T N L K S W L K P K I
A R V N G Ð O A D I O B V O Í R
N F T X K Þ C M L Í B E R Í A A
D N A L K K A R F Ú K R A Í N A
```

DANMÖRK
EÞÍÓPÍA
FRAKKLAND
GRIKKLAND
ÍRLAND
INDÓNESÍA
JAPAN
KENÍA
LAOS
LÍBANON

LÍBERÍA
MALASÍA
MEXÍKÓ
NEPAL
NÍGERÍA
ÚGANDA
ÚKRAÍNA
RÚSSLAND
SÓMALÍA
SÝRLAND

43 - Bloemen

```
B  A  I  Ð  O  N  K  T  P  T  L  F  Z  Á  R  P
I  D  K  S  R  C  R  T  M  T  P  H  W  S  Ó  E
Z  D  P  O  Y  Þ  Y  Ð  N  W  D  I  J  T  S  D
F  J  K  J  R  D  E  Þ  X  N  D  B  A  R  Þ  H
A  G  U  G  M  Q  X  Y  C  O  N  I  S  Í  B  V
M  Q  Q  H  Ó  P  O  P  Y  D  S  M  Ð  C  S
P  I  Ð  A  L  B  U  N  Ó  R  K  C  I  U  S  D
U  Z  Z  A  B  L  L  I  F  Í  F  U  N  B  Ó  Þ
D  I  H  C  R  O  I  E  T  L  O  S  E  L  L  V
W  R  H  A  A  A  I  L  O  N  G  A  M  Ó  B  T
W  Á  Þ  J  N  R  C  Y  Y  L  Y  C  R  M  L  E
T  M  P  G  F  V  Ö  N  D  Y  Í  D  E  M  Ó  Ð
W  S  V  E  O  C  W  O  F  S  G  L  U  R  M  Ð
F  A  M  P  L  U  M  E  R  I  A  B  A  I  Z  U
Þ  D  Þ  F  M  X  S  P  G  A  L  U  T  O  G  A
T  Ú  L  I  P  A  N  O  U  D  T  C  C  K  L  I
```

KRÓNUBLAÐ	MAGNOLIA
VÖND	ORCHID
TOGA	FÍFILL
HIBISCUS	POPPY
JASMINE	ÁSTRÍÐUBLÓM
SMÁRI	PEONY
LOFNARBLÓM	PLUMERIA
LILY	RÓS
LÍLA	TÚLIPAN
DAISY	SÓLBLÓM

44 - Landschappen

```
F  N  K  W  E  V  Í  G  Ð  A  J  F  T  K  Y  R
E  R  S  K  A  G  I  S  R  Þ  X  J  U  C  M  U
H  Æ  Ð  H  C  N  A  V  B  Þ  Z  A  N  Q  D  N
D  A  L  U  R  E  V  I  R  E  I  R  D  Þ  M  F
Þ  Ð  F  A  E  D  A  D  E  Þ  R  A  R  C  G  O
N  G  T  U  V  K  O  I  M  D  T  G  A  E  M  S
T  M  J  Ð  H  W  U  L  E  A  G  E  X  R  Ý  S
A  I  C  P  S  Y  L  L  A  J  F  D  L  E  R  X
V  I  N  H  O  H  L  E  H  G  Q  Ð  F  Z  I  Y
U  Þ  X  R  G  C  U  H  A  F  R  I  Þ  C  M  Z
Ð  S  Z  P  F  K  K  R  Ö  M  I  Ð  Y  E  V  Q
Ö  S  Z  Q  O  L  Ö  P  L  V  Ð  H  W  V  F  D
T  J  R  Y  E  Y  J  A  A  E  Q  L  T  P  Ð  B
S  Ó  E  T  S  P  R  X  Þ  B  A  L  V  A  Þ  T
R  I  A  I  Y  F  R  P  T  W  C  Q  P  E  B  U
F  J  A  L  L  X  T  Þ  K  D  A  T  O  W  H  P
```

FJALL	HAF
EYJA	RIVER
GOSHVER	SKAGI
JÖKULL	FJARA
HELLI	TUNDRA
HÆÐ	DALUR
ÍSBERG	ELDFJALL
STÖÐUVATN	FOSS
MÝRI	EYÐIMÖRK
VIN	SJÓ

45 - Tuin

```
S  B  C  S  W  I  M  S  A  N  U  G  N  Ö  L  S
G  O  W  H  R  S  E  L  L  Í  C  N  R  Ö  J  T
R  R  U  K  K  E  B  S  D  L  D  I  B  B  B  J
Ú  J  A  F  Í  R  H  L  I  Ó  S  Ð  Y  U  Y  E
K  J  G  S  J  G  S  G  N  P  N  R  O  L  S  L
S  D  R  C  F  L  D  C  G  M  Q  I  T  X  X  H
L  R  A  E  V  L  N  S  A  A  T  G  M  O  K  A
Í  Q  S  A  Ð  I  Ö  B  R  R  A  N  I  E  T  S
B  L  Ó  M  W  U  R  T  Ð  T  V  E  C  Ð  H  G
V  É  N  Ð  K  P  E  N  U  V  Í  J  B  U  E  Y
G  A  R  Ð  U  R  V  X  R  I  N  Z  U  G  N  Y
W  M  N  T  N  S  K  H  H  W  V  W  P  U  G  L
D  F  J  C  C  P  U  R  K  P  I  R  K  J  I  X
U  I  J  Ð  K  M  I  H  S  K  Ð  H  L  V  R  C
P  B  T  A  U  J  N  Q  U  N  U  R  W  W  Ú  L
O  F  I  V  J  A  B  M  P  F  R  Y  Ð  S  M  I
```

BEKKUR
BLÓM
TRÉ
ALDINGARÐUR
BÍLSKÚR
GRASFLÖT
GRAS
HENGIRÚM
HRÍFA
GIRÐING

ILLGRESI
STEINAR
MOKA
SLÖNGUNA
BUSH
VERÖND
TRAMPÓLÍN
GARÐUR
TJÖRN
VÍNVIÐUR

46 - Dagen en Maanden

```
I  D  L  G  M  J  T  U  M  X  I  C  S  Y  M  S
B  L  A  D  Q  Ú  F  L  R  W  S  Þ  E  U  M  E
M  A  G  G  T  N  M  E  Ð  D  G  Y  Y  B  H  P
I  U  G  F  A  Í  C  K  B  O  Q  D  W  I  J  T
I  G  C  E  Z  T  T  I  E  R  K  C  Þ  Q  T  E
J  A  Z  J  U  D  A  Z  G  Y  Ú  M  A  R  S  M
A  R  A  Ú  Q  V  Y  L  E  M  M  A  C  T  X  B
N  D  P  L  Á  M  X  C  F  E  K  L  R  E  I  E
Ú  A  Ð  Í  R  Á  O  K  T  Ó  B  E  R  Ð  L  R
A  G  J  Á  D  N  S  U  N  N  U  D  A  G  U  R
R  U  C  G  F  U  F  Ö  S  T  U  D  A  G  U  R
V  R  N  Ú  M  Ð  F  J  P  O  E  C  U  N  J  D
L  I  Z  S  R  U  G  A  D  U  T  M  M  I  F  U
A  X  K  T  S  R  U  G  A  D  U  J  Ð  I  R  Þ
R  U  G  A  D  U  K  I  V  Ð  I  M  D  I  C  J
M  Á  N  U  D  A  G  U  R  E  B  M  E  V  Ó  N
```

ÁGÚST
ÞRIÐJUDAGUR
FIMMTUDAGUR
FEBRÚAR
ÁR
JANÚAR
JÚLÍ
JÚNÍ
DAGATAL
MÁNUÐUR

MÁNUDAGUR
MARS
NÓVEMBER
OKTÓBER
SEPTEMBER
FÖSTUDAGUR
VIKA
MIÐVIKUDAGUR
LAUGARDAGUR
SUNNUDAGUR

47 - Beeldende Kunsten

```
A  B  V  F  A  S  J  Ó  N  A  R  H  O  R  N  I
S  D  F  K  R  E  V  A  R  A  T  S  I  E  M  I
K  Q  C  C  K  U  S  E  Þ  G  K  R  Í  T  V  I
R  P  I  M  I  G  Ð  X  K  G  L  Q  W  Z  B  Q
Á  Y  J  Á  T  N  M  A  I  F  D  Æ  D  Þ  D  J
N  B  R  L  E  I  M  V  M  E  M  M  S  I  P  R
I  L  R  V  K  N  E  P  A  A  U  P  T  L  A  A
N  Ý  R  E  T  T  K  E  R  Ð  T  C  F  D  A  N
G  A  L  R  Ú  E  O  X  E  H  D  S  I  Z  Y  D
U  N  N  K  R  S  L  H  K  J  L  J  I  M  P  F
E  T  Z  X  X  M  C  F  I  A  E  Q  N  L  V  R
M  U  M  R  S  A  Y  Y  F  T  I  O  N  G  Z  U
F  R  R  S  C  S  G  T  D  Z  R  W  E  Y  H  V
Ð  V  X  Y  L  D  T  E  R  T  R  O  P  G  S  D
Z  K  V  I  K  M  Y  N  D  N  Y  M  G  G  Ö  H
Y  J  M  P  X  F  G  T  L  A  K  K  C  K  M  M
```

ARKITEKTÚR	MEISTARAVERK
LISTAMAÐUR	PENNI
HÖGGMYND	SJÓNARHORNI
SKRÁNINGU	PORTRET
GLÆSLA	BLÝANTUR
KVIKMYND	SAMSETNINGU
KOL	MÁLVERK
KERAMIK	LAKK
LEIR	VAX
KRÍT	

48 - Mode

```
H  T  G  E  L  N  I  G  I  R  O  S  N  M  Þ  Þ
I  A  L  Q  Í  E  O  L  R  E  M  E  K  L  A  Æ
L  M  G  O  T  O  P  Æ  R  I  D  Ý  R  Ð  X  G
W  Í  J  N  S  R  K  S  Ð  M  O  F  V  C  Þ  I
X  T  O  Ð  Ý  U  D  I  H  A  Q  A  T  O  Ú  L
V  Ú  A  Y  X  T  B  L  C  H  Q  T  K  W  T  E
D  N  Þ  U  J  S  G  E  E  A  A  N  F  J  S  G
L  K  U  O  P  N  C  G  D  I  R  A  Ð  G  A  T
R  Æ  F  K  H  Y  E  U  Z  O  N  Ð  H  S  U  H
R  I  G  O  T  M  N  R  X  Y  N  F  K  U  M  J
W  N  Þ  S  H  N  A  P  P  A  F  I  A  T  U  T
Y  Þ  H  F  T  Á  F  E  R  Ð  U  C  O  L  R  D
X  I  H  U  D  U  H  A  G  K  V  Æ  M  N  T  O
S  T  E  F  N  A  R  Æ  V  G  Ó  H  C  Y  N  A
H  F  C  A  B  O  U  T  I  Q  U  E  Ð  Z  F  E
N  L  E  F  N  I  M  Þ  Ð  O  Y  O  B  V  H  D
```

HÓGVÆR	LÆGSTUR
HAGKVÆM	NÚTÍMA
ÚTSAUMUR	ORIGINLEGT
ÞÆGILEGT	MYNSTUR
DÝR	HAGNÝT
EINFALT	STÍL
GLÆSILEGUR	EFNI
REIMA	ÁFERÐ
FATNAÐ	STEFNA
HNAPPA	BOUTIQUE

49 - Tuinieren

```
B  Z  S  S  A  W  T  K  O  P  B  H  D  J  S  V
F  L  V  M  Ð  K  N  L  Þ  B  D  T  X  A  L  B
W  J  Ó  R  X  E  P  C  O  Q  F  Þ  Z  R  Ö  C
G  M  Q  M  D  A  L  Ð  K  X  S  B  Y  Ð  N  U
O  F  K  B  S  W  I  B  F  L  Z  W  V  V  G  W
M  P  R  G  U  T  Á  L  Í  K  V  A  Ð  E  U  Ð
Y  N  I  O  A  N  R  F  Y  I  F  I  R  G  N  Þ
A  J  D  N  Ö  V  P  A  I  D  Þ  D  F  U  A  L
V  W  Y  Æ  T  U  R  W  E  N  E  N  Y  R  M  T
H  C  S  R  Q  D  Þ  S  R  A  K  I  Þ  S  Ó  E
S  E  M  F  I  Z  Z  U  Q  M  K  N  I  X  L  G
B  O  T  A  N  I  C  A  L  A  C  I  J  Þ  B  U
P  F  V  O  T  Y  N  D  M  R  W  E  Q  V  B  N
M  O  L  T  A  Q  X  J  T  F  C  R  T  M  Ð  D
X  Q  E  V  V  Þ  I  A  P  O  Ð  H  L  P  T  N
B  J  V  E  Ð  U  R  F  A  R  D  Ó  Q  C  G  V
```

LAUF	SM
BLÓMA	VEÐURFAR
BLÓMSTRA	OPIN
JARÐVEGUR	SLÖNGUNA
VÖND	TEGUND
BOTANICAL	RAKI
MOLTA	ÓHREININDI
ÍLÁT	VATN
ÆTUR	FRÆ
FRAMANDI	

50 - Menselijk Lichaam

```
V  S  H  A  U  Ð  X  O  B  F  F  Y  U  Y  O  T
L  E  F  E  F  Ð  H  L  X  P  I  T  Y  N  I  V
E  C  E  Ð  I  J  B  N  I  Þ  N  W  F  R  T  E
O  N  I  H  D  L  X  B  L  Þ  G  K  X  C  W  W
H  M  J  W  N  U  I  O  X  Q  U  N  Y  J  Ö  L
Q  A  E  H  Ö  É  O  G  Þ  S  R  G  P  Y  K  S
W  Y  F  F  H  M  R  A  D  W  T  D  K  W  K  H
C  X  G  R  R  K  B  Q  Y  R  A  J  J  Þ  L  L
K  A  Q  M  M  E  J  M  M  Q  D  U  Á  Ð  A  W
F  Ó  T  U  R  S  M  U  O  Þ  F  S  L  Á  H  I
I  W  Q  R  D  G  A  N  Ð  U  M  H  K  Ö  X  L
N  E  F  W  A  F  G  N  C  C  Ð  H  A  R  Y  E
Q  X  H  Z  L  J  I  U  B  L  Ó  Ð  G  G  O  K
Þ  I  Ö  W  H  Q  H  R  X  K  F  W  N  T  Q  I
Ð  A  K  X  I  G  F  Þ  Z  Q  Ð  P  U  I  Y  E
X  Ð  U  F  Ö  H  Ú  Ð  I  U  X  J  T  K  J  W
```

FÓTUR	HÖKU
BLÓÐ	HNÉ
OLNBOGA	MAGI
ÖKKLA	MUNNUR
HÖND	HÁLS
HJARTA	NEF
HEILI	EYRA
HÖFUÐ	ÖXL
HÚÐ	TUNGA
KJÁLKA	FINGUR

51 - Energie

```
D A W S E Q N O U K M Ð E R G Ó
Þ T Þ D C S M K V Þ Ó K L A F R
C R O Ð O J D E Ð N T O D F K E
V P A V W T O R X Q O L S H O I
D E P C B D T U C L R E N L V Ð
M Í T C I Y Þ Ð U R H F E A L A
F E S N Y T O A Z H U N Y Ð L H
D Q A E I B E N S Í N I T A Y A
K W Z Z L E M Ð R W P H I Z M K
N L Z F Q G P I T Ú R B Í N A H
N U K R O N R A J K S E Y C Q I
E X G E L N A J Ý N R U D N E T
F D D N I E F A R I K F R A B A
U M H V E R F I S B R U D N I V
F S N G A M F A R K R G N G H C
L J Ó S E I N D O X Y Ð R G Þ G
```

RAFHLAÐA	KOLEFNI
BENSÍN	MÓTOR
ELDSNEYTI	KJARNORKU
DÍSEL	UMHVERFI
RAFMAGNS	GUFU
RAFEIND	TÚRBÍNA
ÓREIÐA	MENGUN
LJÓSEIND	HITA
ENDURNÝJANLEG	VETNI
IÐNAÐUR	VINDUR

52 - Gebouwen

```
M A T V Ö R U B Ú Ð Ú B Í V K F
K V I K M Y N D A H Ú S K Ö O Z
K L E F A Ð I Z C M W Y A L T F
R T N F A S Q U Y H G M X L S E
V E R K S M I Ð J U Á Z B I D Ð
L G U Ú I J Y Ö T Y W S H N L Z
E Þ T L K H Þ L F R E Ð K N D N
I L Ó K S S T H O O Q W R Ó X A
K E T W Ú Ð L Ð T T B O T O L O
H T J H H X K Í K A S T A L I I
Ú Ó A M A H E B B V N K S M T O
S H L P R L T Ð Á R I D N E S C
X G D U K E U W H E Ð J P K E T
Q E Y W Ú Ð L N R S Þ B Æ R X I
B X U D J R K G B B V C W U T D
O C Þ R S N F U O O Q G I U X D
```

SENDIRÁÐ	OBSERVATORY
ÍBÚÐ	SKÓLI
KVIKMYNDAHÚS	HLÖÐU
BÆR	VÖLLINN
KLEFA	MATVÖRUBÚÐ
VERKSMIÐJU	TJALD
BÍLSKÚR	LEIKHÚS
HÓTEL	TURN
KASTALI	HÁSKÓLI
SAFN	SJÚKRAHÚS

53 - Kunst

```
A  P  J  E  Þ  X  H  E  Z  P  J  U  K  U  S  P
Þ  A  E  B  F  R  I  Q  X  L  S  P  U  P  Ú  I
V  K  I  R  D  N  Y  M  G  G  Ö  H  W  N  R  B
A  S  R  C  S  K  I  M  A  R  E  K  I  U  R  E
F  Z  Z  D  X  Ó  H  B  Q  S  W  G  Ð  R  E  Þ
K  O  S  M  Ð  L  N  Æ  R  N  Ó  J  S  U  A  H
T  L  A  F  N  I  E  U  Y  I  B  H  A  V  L  E
G  G  S  E  V  B  K  F  L  T  Á  K  N  K  I  I
E  D  D  R  W  M  P  Ó  R  E  L  Ý  S  A  S  Ð
L  Q  Þ  J  K  S  O  C  L  D  G  F  S  U  M  A
N  S  G  Z  B  U  J  Y  N  F  X  T  C  A  I  R
I  N  N  B  L  Á  S  T  U  R  M  Y  N  D  Y  L
G  N  I  N  T  E  S  M  A  S  D  N  C  N  U  E
I  Ð  V  C  K  F  D  P  X  O  U  W  L  K  R  G
R  M  Á  L  V  E  R  K  S  E  G  Ð  Ó  J  L  U
O  X  X  H  Ð  R  K  P  X  C  M  J  C  T  U  R
```

HÖGGMYND	PERSÓNULEGT
FLÓKIÐ	LJÓÐ
EINFALT	LÝSA
HEIÐARLEGUR	SAMSETNING
MYND	MÁLVERK
INNBLÁSTUR	SÚRREALISMI
SKAP	TÁKN
KERAMIK	SEGÐ
EFNI	SJÓNRÆN
ORIGINLEGT	

54 - Beroepen #1

```
Þ  G  Y  J  L  I  R  Ó  J  T  S  A  K  N  A  B
R  U  G  N  I  Ð  Æ  R  F  L  Á  S  L  D  R  Í
U  E  V  P  S  D  K  Ð  O  X  P  J  Æ  A  U  Þ
Ð  O  Í  Í  T  V  Ý  L  P  A  Y  W  Ð  N  G  R
A  P  S  A  A  D  É  R  C  F  Q  N  S  S  N  Ó
M  L  I  N  M  R  U  L  A  Q  S  O  K  A  I  T
I  X  N  Ó  A  Ð  R  X  V  L  S  W  E  R  Ð  T
Ð  R  D  L  Ð  Y  I  E  O  I  Æ  Q  R  I  Æ  A
I  I  A  E  U  P  N  R  H  S  R  K  I  D  R  M
E  T  M  I  R  A  K  A  B  I  X  K  N  Z  F  A
V  S  A  K  F  X  Æ  L  Ð  F  D  T  I  I  Ð  Ð
J  T  Ð  A  Ð  B  L  H  L  Þ  T  N  O  H  R  U
R  J  U  R  U  Ð  A  M  G  Ö  L  U  E  H  A  R
U  Ó  R  I  R  A  F  L  Á  J  Þ  S  W  S  J  Y
X  R  I  P  I  R  G  T  R  A  K  S  Þ  X  Q  C
H  I  E  N  D  U  R  S  K  O  Ð  A  N  D  I  C
```

ENDURSKOÐANDI
LÖGMAÐUR
SENDIHERRA
LISTAMAÐUR
ÍÞRÓTTAMAÐUR
BAKARI
BANKASTJÓRI
DANSARI
DÝRALÆKNIR
LÆKNIR

RITSTJÓRI
JARÐFRÆÐINGUR
VEIÐIMAÐUR
SKARTGRIPIR
KLÆÐSKERI
VÉLVIRKI
PÍANÓLEIKARI
SÁLFRÆÐINGUR
ÞJÁLFARI
VÍSINDAMAÐUR

55 - Antarctica

```
Ð  R  V  Ð  Á  W  Q  O  U  M  O  H  C  Z  Q  R
G  O  Í  A  L  L  K  V  T  F  Y  W  J  V  G  A
L  C  S  H  F  I  J  Þ  M  Ð  O  K  M  Y  P  N
A  K  I  X  U  O  L  I  F  R  E  V  H  M  U  N
N  Y  N  E  N  L  A  N  D  A  F  R  Æ  Ð  I  S
D  X  D  I  N  U  F  F  Í  L  O  U  O  C  Ó  Ó
S  V  L  N  I  Y  D  E  S  K  J  G  X  W  L  K
L  V  E  M  G  G  Q  N  I  Ö  Ð  N  V  M  F  N
A  L  G  Þ  A  M  F  I  R  J  D  A  K  A  R  I
G  X  T  Ý  K  S  L  E  I  E  W  Ð  U  P  T  R
A  S  C  O  S  L  Ð  T  S  H  V  I  J  P  M  N
E  Y  J  A  R  C  U  S  Æ  S  L  E  E  B  Þ  X
H  I  T  A  S  T  I  G  G  P  F  L  G  D  V  Y
D  H  J  F  P  V  L  J  R  T  E  G  U  N  D  Z
L  G  D  K  Y  I  U  U  Ö  I  P  N  X  Þ  N  Q
O  E  K  F  Ð  Z  N  C  M  S  Ð  M  R  I  Þ  G
```

FLÓI
VERNDUN
ÁLFUNNI
EYJAR
LEIÐANGUR
LANDAFRÆÐI
JÖKLAR
ÍS
STEINEFNI
UMHVERFI

RANNSÓKNIR
MÖRGÆSIR
ROCKY
SKAGI
TEGUND
HITASTIG
LANDSLAG
VATN
VÍSINDLEGT
SKÝ

56 - Ballet

```
S T Q E D A N S A R A R W V T B
T A M C D E E Z P Ð T Y E X X A
Y K W Y B X T Y U Q R Q L Z Q L
R T H L J Ó M S V E I T V D B L
K U S Ð R F O R R C R N U V L E
L R H C Þ A V Ð Ö V P U C G R R
E C R K M R U D N E F R O H Á Í
I H N Ð Ð G A R B T Á L A W P N
K Q M N D Ó T Ó N L I S T W P A
I J S P Æ E A J V S B C P P A F
T I G N A R L E G T Ó Y Y K L L
J N N T X Ó T M V S M L Q M K N
S K I P H K X S B W T B Ó T A I
T Æ F Ð W N H D I H Æ F N I F Y
Í T Æ K P M T H D L Á K S N Ó T
L L I K I M P I V S L O Ð B L R
```

LÓFAKLAPP
LISTRÆNN
BALLERÍNA
KÓREÓGRAF
TÓNSKÁLD
DANSARAR
SVIPMIKILL
LÁTBRAGÐ
STYRKLEIKI
TÓNLIST

HLJÓMSVEIT
ÁHORFENDUR
ÆFING
TAKTUR
TIGNARLEGT
SÓLÓ
VÖÐVA
STÍL
TÆKNI
HÆFNI

57 - Fruit

```
E R E B F C G V M K N D I J R A
N E C T A R I N E A Y A P A P P
P B N Z R T Z G I R N P P J S P
C N V U E A E S J K O G B K Í E
K Í E E P P Þ N Ð Ð S F Ó S T L
B V P C R R Þ S H J Ð A T R R S
A N G O Ð Í V Í K S N K Z E Ó Í
M A I M E K C A H A O E Þ F N N
Q E H C L Ó A B M N J K U W U A
M B M N I S X F J A E I Ó T U Ð
C T U H M A Z E O N E N D K P L
K I R S U B E R P A E Z A B L H
M E L Ó N A F J V L C Q K L Ó V
B A N A N I V L F T I Ð Ó I M F
H I N D B E R J U M T Z V P A P
Þ N V E F M V Ð X U J Ð A V T Ð
```

APRÍKÓSA
ANANAS
EPLI
AVÓKADÓ
BANANI
BER
SÍTRÓNU
VÍNBER
HINDBERJUM
KIRSUBER

KÍVÍ
KÓKOSHNETA
MANGÓ
MELÓNA
NECTARINE
APPELSÍNA
PAPAYA
PERA
FERSKJA
PLÓMA

58 - Engineering

```
Y  C  J  Ð  X  F  Þ  C  T  Þ  B  F  L  Ú  V  S
E  D  P  J  B  V  V  Y  K  D  G  L  A  T  E  Q
M  H  B  E  Y  K  E  W  U  N  Ð  J  R  R  D  Y
B  J  S  X  R  N  R  O  T  Ó  M  Ó  X  E  D  Ð
Q  K  S  Þ  Á  Ý  M  R  N  N  D  T  P  I  N  C
Z  K  E  T  S  J  Á  Q  Q  W  Ð  A  D  K  Y  H
H  N  H  Y  Ö  A  L  H  A  I  M  N  J  N  M  S
U  Z  N  O  B  Ð  D  Í  S  E  L  D  R  I  R  M
A  M  Ú  P  R  V  U  D  O  U  E  I  U  N  A  Í
N  N  N  J  U  N  B  G  N  I  L  Æ  M  G  G  Ð
T  K  I  A  K  R  O  Þ  L  G  P  X  Z  I  N  I
V  H  N  F  R  D  Ý  P  T  E  F  P  L  O  I  P
Þ  É  G  W  Y  G  S  W  G  N  I  F  Y  E  R  H
B  F  L  B  T  F  C  S  K  F  K  K  O  Ð  Ý  V
E  U  R  W  S  B  Y  G  G  I  N  G  I  U  K  F
W  K  B  V  C  P  R  U  G  N  I  N  Ú  N  S  V
```

ÁS	STYRKUR
ÚTREIKNING	VÉL
HREYFING	MÆLING
SMÍÐI	MÓTOR
SKÝRINGARMYND	SNÚNINGUR
ÞVERMÁL	STÖÐUGLEIKI
DÝPT	BYGGING
DÍSEL	FLJÓTANDI
ORKA	KNÝJA
HORN	NÚNING

59 - Literatuur

```
S  Ö  G  U  M  A  Ð  U  R  Z  V  I  L  H  Z  S
E  Z  V  S  P  K  G  I  I  G  U  W  Í  Ö  I  A
C  M  B  U  B  B  Ð  L  Q  Y  Ð  V  K  F  B  M
V  Q  A  Y  B  X  P  K  A  A  M  N  I  U  D  A
T  I  Q  E  P  J  Y  A  A  H  J  A  N  N  U  N
Þ  I  T  J  B  S  H  H  Þ  G  T  G  G  D  D  B
H  A  R  M  L  E  I  K  U  R  A  A  A  U  W  U
L  R  U  P  A  K  S  D  L  Á  K  S  R  R  R  R
Í  J  R  F  U  M  Þ  S  B  B  T  D  I  J  Í  Ð
T  Q  Ó  G  Ð  I  E  M  D  E  U  L  G  V  M  U
S  J  Y  Ð  Æ  J  E  Þ  P  P  R  Á  E  O  Æ  R
A  Y  L  Ó  R  Y  Y  W  F  Q  Q  K  U  P  L  K
H  T  J  J  M  Æ  S  O  I  L  F  S  G  E  Y  C
P  G  C  L  U  G  N  I  N  I  E  R  G  N  I  V
M  Y  N  D  L  Í  K  I  N  G  Á  L  I  T  B  Y
N  I  Ð  U  R  S  T  A  Ð  A  Ð  E  K  W  T  N
```

LÍKINGAR
GREINING
E.
HÖFUNDUR
ÆVISAGA
NIÐURSTAÐA
UMRÆÐU
SKÁLDSKAPUR
LJÓÐ
ÁLIT

MYNDLÍKING
LJÓÐRÆN
RÍM
TAKTUR
SKÁLDSAGA
STÍL
ÞEMA
HARMLEIKUR
SAMANBURÐUR
SÖGUMAÐUR

60 - Boeken

```
S  Q  T  B  S  Þ  G  Þ  V  Þ  J  Þ  W  A  K  Þ
D  K  F  O  T  I  J  S  A  L  O  S  K  L  C  R
S  E  R  U  M  A  S  N  A  M  A  G  Ð  I  W  Z
S  V  P  I  L  Ð  E  Í  V  T  Ð  Ó  J  L  R  K
S  D  N  I  F  A  P  Þ  F  Y  Í  Y  W  O  A  J
M  O  I  H  C  A  Q  Ð  F  G  S  Ð  D  T  N  F
B  S  C  E  N  T  Ð  J  H  E  I  G  P  Þ  Y  I
T  Y  O  N  C  N  S  K  Á  L  D  S  A  G  A  L
S  A  M  H  E  N  G  I  R  M  N  H  S  L  Æ  E
Y  I  B  J  C  E  Ð  C  Ö  U  A  Ö  Ö  G  V  S
Y  S  B  D  X  M  V  Ð  Ð  R  G  F  G  Z  I  A
F  W  A  J  B  K  J  H  P  F  I  U  U  S  N  N
H  B  G  F  U  Ó  J  Z  J  A  E  N  L  A  T  D
D  S  M  Q  N  B  U  K  C  L  Ð  D  E  G  Ý  I
H  Ö  R  M  U  L  E  G  A  U  I  U  G  A  R  U
S  Ö  G  U  M  A  Ð  U  R  D  V  R  T  U  I  F
```

HÖFUNDUR	GAMANSAMUR
ÆVINTÝRI	FRUMLEG
SÍÐA	LESANDI
SAFN	BÓKMENNTA
SAMHENGI	VIÐEIGANDI
TVÍEÐLI	SKÁLDSAGA
EPIC	RÖÐ
LJÓÐ	HÖRMULEGA
SKRIFAÐ	SAGA
SÖGULEGT	SÖGUMAÐUR

61 - Meer Informatie

```
N  J  L  D  S  G  S  P  R  E  N  G  I  N  G  R
V  C  U  Þ  K  H  U  X  I  U  E  D  Þ  F  H  E
P  Y  X  A  L  A  G  F  V  E  D  B  R  L  E  I
Q  Q  D  X  Ó  Ú  T  Ó  P  Í  A  L  R  K  I  K
T  F  Æ  H  N  U  A  R  E  Þ  H  S  E  R  M  I
H  A  I  N  D  P  J  B  R  U  K  Æ  B  I  U  S
D  T  P  M  B  W  F  B  U  K  K  P  F  I  R  T
Y  B  K  O  S  H  W  B  L  E  K  K  I  N  G  J
S  U  G  F  Y  V  L  Y  L  I  C  H  N  K  E  A
T  R  Æ  B  Á  R  F  G  U  J  I  F  N  Æ  X  R
Ó  Ð  A  D  N  Y  M  Í  F  S  J  Z  E  T  T  N
P  A  B  Y  P  V  É  F  R  É  T  T  M  H  R  A
Í  R  N  N  Z  B  R  W  A  Z  U  I  L  A  E  F
A  Á  Y  Z  K  U  O  R  L  T  J  S  É  U  M  S
E  S  M  H  Þ  S  U  D  U  P  E  J  V  O  E  V
B  H  F  O  S  Ú  H  A  D  N  Y  M  K  I  V  K
```

KVIKMYNDAHÚS
BÆKUR
ELDUR
ÍMYNDAÐ
DYSTÓPÍA
SPRENGING
EXTREME
FRÁBÆR
BLEKKING
KLÓN

DULARFULLUR
VÉFRÉTT
REIKISTJARNA
RAUNHÆFT
VÉLMENNI
ATBURÐARÁS
GALAXY
TÆKNI
ÚTÓPÍA
HEIMUR

62 - Regenwoud

```
J  Y  L  D  A  Z  N  X  B  M  S  G  A  C  N  J
M  O  S  S  A  S  N  Á  T  T  Ú  R  A  N  V  Y
P  G  S  Z  Z  K  E  D  D  A  D  H  Þ  O  M  O
B  V  T  T  R  Ý  D  R  O  K  S  A  P  W  X  D
F  U  G  L  A  R  B  J  V  B  G  T  Z  Z  R  X
G  L  C  E  V  A  F  O  L  I  F  U  N  Þ  Ý  U
G  S  R  X  N  F  V  R  T  T  E  G  U  N  D  A
D  I  L  C  S  R  M  I  O  A  E  U  P  T  N  T
Ý  E  L  R  I  U  N  I  R  S  N  R  P  C  E  H
R  V  Þ  Þ  E  Ð  I  Þ  W  Ð  K  I  G  Q  P  V
M  Ð  Ð  A  R  E  S  Y  T  Q  I  D  C  I  S  A
Æ  R  B  V  R  V  M  U  R  S  N  N  Ý  A  I  R
T  A  F  R  U  M  S  K  Ó  G  U  R  G  R  L  F
U  V  D  R  D  F  R  U  M  B  Y  G  G  J  A  Y
R  E  Y  V  N  F  J  Ö  L  B  R  E  Y  T  N  I
R  X  W  Þ  E  S  A  M  F  É  L  A  G  X  Z  Y
```

FROSKDÝR
VARÐVEISLU
BOTANICAL
FJÖLBREYTNI
SAMFÉLAG
FRUMBYGGJA
SKORDÝR
FRUMSKÓGUR
VEÐURFAR
MOSS

NÁTTÚRAN
LIFUN
VIRÐING
ENDURREISN
TEGUND
ATHVARF
FUGLAR
DÝRMÆTUR
SKÝ
SPENDÝR

63 - Haartypes

```
S  S  F  H  A  D  Q  L  Y  E  T  Y  Z  A  F  G
K  E  V  I  E  Ð  Þ  U  R  R  G  S  G  I  L  L
Ö  O  M  S  Z  I  Ð  R  K  M  S  Ð  Ð  Þ  É  A
L  W  X  Þ  G  K  L  E  U  Ð  J  A  W  K  T  N
L  L  E  L  R  K  K  B  G  T  N  Ú  R  B  T  S
Ó  U  H  R  Q  O  L  R  R  D  G  E  K  V  U  A
T  G  N  A  L  R  I  Á  U  I  R  V  Z  U  M  N
T  T  U  T  S  H  T  R  T  L  G  P  I  E  R  D
U  O  V  A  I  S  A  G  Í  U  L  Ð  N  G  U  I
R  U  F  L  I  S  Ð  O  V  F  H  A  U  Ð  N  T
Y  W  A  R  U  Ð  R  Æ  H  S  Ó  J  L  R  N  I
Z  C  Þ  U  H  Á  R  S  V  Ö  R  Ð  S  P  U  M
M  X  N  K  U  O  F  L  M  W  J  W  N  R  Þ  T
Ð  V  D  K  H  I  U  D  S  N  M  Þ  R  O  Z  Z
O  A  C  Y  S  V  A  R  T  R  F  W  J  E  V  E
Q  A  Ð  Þ  S  I  J  D  X  R  B  W  D  E  H  R
```

LJÓSHÆRÐUR
BRÚNT
ÞYKKUR
ÞURR
ÞUNNUR
LITAÐ
FLÉTTUM
HEILBRIGÐUR
GLANSANDI
GRÁR

HÁRSVÖRÐ
SKÖLLÓTTUR
STUTT
KRULLA
HROKKIÐ
LANGT
HVÍTUR
MJÚKUR
SILFUR
SVART

64 - Stad

```
K  B  L  H  X  B  U  V  Ð  W  L  A  U  R  S  M
V  L  E  Ó  X  N  S  Q  L  Þ  G  V  B  U  N  A
I  Ó  I  T  A  N  P  P  I  T  L  B  Þ  Ð  Y  T
K  M  K  E  G  D  A  T  K  E  T  Ó  P  A  R  V
M  A  H  L  G  Ý  J  E  N  D  R  K  U  K  T  Ö
Y  B  Ú  I  Í  R  A  K  A  B  U  A  V  R  I  R
N  Ú  S  J  N  A  U  G  B  D  U  S  Y  A  S  U
D  Ð  E  H  S  G  M  L  A  Þ  A  A  M  T  B
A  A  E  U  Z  A  O  S  L  L  N  F  A  S  O  Ú
H  N  U  L  S  R  E  V  N  Ö  L  N  Y  K  F  Ð
Ú  A  Þ  U  E  Ð  Þ  M  S  P  V  E  M  Ð  A  Ú
S  D  R  L  O  U  S  K  Ó  L  I  G  R  U  C  B
G  R  E  O  V  R  E  R  G  C  Ð  C  U  Í  P  A
S  A  N  Q  I  V  Ö  L  L  I  N  N  Q  L  W  K
H  H  Á  S  K  Ó  L  I  O  A  C  W  Q  O  F  Ó
V  T  A  T  B  G  V  R  Ð  M  O  O  R  W  U  B
```

APÓTEK	FLUGVÖLLUR
BAKARÍ	MARKAÐUR
BANKI	SAFN
BÓKASAFN	SNYRTISTOFA
KVIKMYNDAHÚS	SKÓLI
BLÓMABÚÐ	VÖLLINN
BÓKABÚÐ	MATVÖRUBÚÐ
DÝRAGARÐUR	LEIKHÚS
GALLERÍ	HÁSKÓLI
HÓTEL	VERSLUN

65 - Creativiteit

```
L F D A S T Y R K L E I K I L Z
M Z R T I L F I N N I N G A R R
Q Q A A Í M Y N D U N A R A F L
I I F Ð M I E H I K O Q X I F X
T G V W J T N N Æ R T S I L G S
T E I T N I Í N K O V L F J Y Í
U U Æ T D W D Ð B Y C N L H D V
M Q S O Q N F Ð A L Þ L I N D T
Q Y N Ð G E S Y Þ R Á Q Z K E A
Q H N G E R F I S Æ S S G E T V
D D I D L I G N N A S Ý T M J H
R D I R M V O C Ð M K W N U E Æ
J Q Þ G U D R A M A T Í S K R F
S N A X R S K Ý R L E I K I J N
G Y Þ X F U V Q Y U D Þ Ð I F I
I Z I H K P H U G M Y N D I R D
```

LISTRÆNN
MYND
DRAMATÍSK
SANNGILDI
TILFINNINGAR
ÆSIFREGN
SKÝRLEIKI
HUGMYNDIR
FAR
INNBLÁSTUR

STYRKLEIKI
INNSÆI
FRUMLEG
HVATVÍS
SEGÐ
HÆFNI
ÍMYNDUNARAFL
FRAMTÍÐARSÝN
ORKU

66 - Natuur

```
D R V N L V G I B S F E T Z C B
K J M I G Z S I A Z I T Ð A G Ý
K E Ð Ð L S N S M Ý Þ M Q C M F
J Þ Z L Ó L K V I K U F E O Ð L
R K Z H J J T N K S R E B J S U
F N M M K R Ö M I Ð Y E I P O G
M R U K S Í T K R A B L Z U R U
K E X L Y V G G U Y Z Þ C J N R
A V R E W A Ð U M L Í F L E G T
I I N T U C Y G Ó Y S Q X N W I
B R K T F S C A D H G R G E B N
Ð D B A K O Þ B I Q J B U R C R
L Ý C R W Ð R U G E F S S E J J
V R U G Ó K S D L R F B V S P K
T R O P I C A L E K J Ö K U L L
F H B L Þ N I Ð H V E K O F E P
```

ARKTÍSKUR   ÞOKA
BÝFLUGUR   RIVER
SKÓGUR   FEGURÐ
DÝR   SKJÓL
KVIK   SERENE
ROF   TROPICAL
SM   LÍFLEGT
JÖKULL   VILLT
HELGIDÓMUR   EYÐIMÖRK
KLETTAR   SKÝ

67 - Zoogdieren

```
T  R  R  J  J  Þ  H  V  O  I  K  L  W  N  Þ  Ð
T  I  E  G  S  R  H  Ö  I  P  A  Ö  J  N  H  Ð
U  B  F  O  Z  D  R  K  F  K  P  C  T  N  X  D
A  E  U  E  X  O  G  F  F  R  F  Í  L  T  V  X
N  A  R  U  L  A  V  H  A  U  U  K  R  J  U  V
C  V  U  D  Ð  L  F  L  R  T  O  N  G  H  A  R
Þ  E  F  A  S  L  G  T  Í  S  U  N  G  R  U  E
K  R  L  Q  Q  I  F  S  G  E  O  Q  D  U  W  D
H  A  Ú  H  I  R  A  I  O  H  K  V  O  D  R  Y
H  R  N  C  E  Ó  Þ  Ú  L  F  A  L  D  A  L  P
U  Ú  V  Í  M  G  Ð  E  V  X  Þ  L  B  A  R  T
N  G  W  D  N  S  L  É  T  T  U  Ú  L  F  U  R
D  N  B  I  C  A  A  K  Z  Q  P  V  D  Þ  R  U
U  E  E  U  V  D  S  Y  N  K  B  B  G  T  Y  H
R  K  G  P  L  G  N  Þ  Þ  Q  I  M  P  G  V  J
B  L  J  Ó  N  U  I  V  V  W  L  J  H  L  R  S
```

API	KENGÚRA
BEAVER	KÖTTUR
SLÉTTUÚLFUR	KANÍNA
HÖFRUNGUR	LJÓN
ASNI	FÍL
GEIT	HESTUR
GÍRAFFI	NAUT
GÓRILLA	REFUR
HUNDUR	HVALUR
ÚLFALDA	ÚLFUR

68 - Overheid

```
Y  S  M  Ó  D  L  H  U  T  R  Þ  Z  B  M  T  Q
U  T  D  F  T  T  M  V  M  Á  V  J  Q  U  A  D
M  J  Y  Ð  P  Q  Þ  F  N  D  K  G  E  S  R  E
I  Ó  G  N  B  R  H  Þ  Þ  F  Æ  N  O  Ð  Æ  L
N  R  L  Á  M  N  R  Ó  J  T  S  M  S  Y  Ð  E
N  N  W  M  E  Z  A  É  X  M  Ð  I  I  O  U  O
I  A  Ð  Æ  R  M  U  I  T  R  V  P  I  E  Ð  W
S  R  A  U  V  I  D  N  I  T  T  É  R  U  Q  Y
M  S  L  T  W  L  N  R  O  R  L  Y  O  A  O  G
E  K  V  F  Z  Ð  K  W  A  I  Ð  Æ  R  Ð  Ý  L
R  R  J  A  F  N  R  É  T  T  I  M  T  U  P  Z
K  Á  Þ  J  Ó  Ð  L  E  G  U  R  Þ  Q  I  J  Þ
I  G  A  F  R  I  Ð  S  Æ  L  T  L  Ö  G  P  J
W  B  D  H  B  U  D  F  R  E  L  S  I  B  Q  Ó
B  O  R  G  A  R  A  L  E  G  R  Í  K  I  Þ  Ð
V  W  L  E  I  Ð  T  O  G  I  L  J  H  J  O  Ð
```

BORGARALEG	ÞJÓÐLEGUR
LÝÐRÆÐI	STJÓRNMÁL
UMRÆÐA	RÉTTINDI
JAFNRÉTTI	FRIÐSÆLT
DÓMS	RÍKI
RÉTTLÆTI	TÁKN
STJÓRNARSKRÁ	RÆÐU
LEIÐTOGI	FRELSI
MINNISMERKI	LÖG
ÞJÓÐ	UMDÆMI

69 - Voertuigen

```
A Þ R H J Ó L H Ý S I X A T B M
U S M E K Þ M J P N K X J T Á U
T L Q Ð I A U N G I E F R M T D
Q S V A N Ð F H X I L N E A U U
U Y S Q E G H B D L F C F Ð R M
A G B R M J M J Á W B Þ M J I Z
N Y Q R O T Ó M Ó T S E L E G B
D E K K Ú T L X T L U P S E V Í
Y I P Y G T P N F F O R A E V L
R C N M I Y U P T G Q J E L Ö L
D W N D R Á T T A R V É L D R É
S J Ú K R A B Í L L Z G T F U V
Þ Y R L A E R X D E T I F L B G
F O Ð Y R Þ D B Q A H G Ð A Í U
Z S A A A E P J F M P U S U L L
E P D U L Z A M W C W W O G L F
```

SJÚKRABÍLL	KAFBÁTUR
BÍLL	ELDFLAUG
DEKK	VESPU
VAN	TAXI
BÁTUR	DRÁTTARVÉL
RÚTU	LEST
HJÓLHÝSI	FERJA
REIÐHJÓL	FLUGVÉL
ÞYRLA	FLEKI
MÓTOR	VÖRUBÍLL

70 - Geografie

```
M Y L P R U T S E V H E I M U R
I F S Ð O I J A R Ð A R U Ð U S
Ð B X C Y M V G S Æ D Y B Z C M
B O O A D E L E P H E F B B I S
A R H E T R O K R B R E I D D J
U G V U C I L M S E T F Ð N Y Ó
G U W L Þ D P C V L Q G R A C W
U T I I R I X E Æ V Þ L B L D G
R G Q U W A J H Ð B N J K J F L
Z W F B J N X L I A D O I D X S
A T L A S A L X N U L R R H A F
C L L Z N B J Y N P K A F Ð X Z
M L A R C P J L U E F Ð K R U S
D O J D Q Q W U F Y Y K O V Z R
O C F L F K M Z L O J J S D W J
F K M V H U H Q Á F E D A K B J
```

ATLAS	MERIDIAN
FJALL	NORÐUR
BREIDD	HAF
ÁLFUNNI	SVÆÐI
EYJA	RIVER
MIÐBAUGUR	BORG
JARÐAR	HEIMUR
HÆÐ	VESTUR
KORT	SJÓ
LAND	SUÐUR

71 - Kunstbenodigdheden

```
J  K  E  R  I  E  L  P  S  K  Ö  P  U  N  I  L
B  A  S  I  T  S  O  A  Í  L  O  X  D  K  F  Í
Ð  I  N  T  K  S  K  P  G  Þ  V  C  G  V  T  M
X  J  K  I  R  L  K  P  L  V  Y  A  K  G  X  L
S  K  I  L  A  O  S  Í  Þ  H  D  X  S  S  E  F
H  Ð  C  L  T  H  K  R  B  S  T  Ó  L  L  A  P
G  R  N  E  N  J  G  L  N  O  F  M  A  D  G  M
L  N  N  T  A  V  S  Ý  E  E  R  Y  U  V  D  P
Æ  G  K  S  Ý  K  Y  R  E  Ð  E  Ð  G  B  O  X
S  P  Ð  A  L  K  B  K  N  B  U  O  N  C  B  M
L  Ð  G  P  B  C  U  A  O  M  R  R  I  V  A  R
A  A  X  E  O  J  R  I  T  I  L  S  N  T  A  V
D  K  Þ  Z  T  G  S  S  O  C  B  E  L  O  F  V
A  M  E  U  M  I  T  I  L  U  G  T  Á  Þ  C  O
Þ  B  V  L  É  V  A  D  N  Y  M  Y  M  I  J  S
Z  L  C  V  B  P  R  H  B  Y  E  A  Y  H  O  G
```

AKRÝL	LITI
VATNSLITIR	LÍM
BURSTAR	OLÍA
MYNDAVÉL	PAPPÍR
SKÖPUN	PASTELLITIR
GLÆSLA	BLÝANTAR
STROKLEÐUR	STÓL
KOL	BORÐ
BLEK	MÁLNINGU
LEIR	VATN

72 - Barbecues

```
E G X T C T Q N D C M R U K G I
H Q R U T X Ö V Á Z V R F J R Þ
D E B Æ S G H B C Q Þ W W Ú I G
T S I L N Ó T L A S H W C K L D
K C Q T K M S R U G N U H L L D
V P K A T T E A K M X D Ð I R E
Ö I H L L P Þ T D Z O D D N V H
L P Ð T J S E A I L A U K G W N
D A K B Y V I M Q F G H Ð U F Í
M R N G A Y X Ó M G D S K R O F
A S V P J H D T R S P H X R W A
T U U V B F J Ö L S K Y L D A Q
U M E L O L A E Y X N A T E U C
R A K H Ð D O P I A J Q M K W Y
J R U Ð R E V S I G E D Á H J Þ
A A V N F S A L Ö T Z R E R T X
```

KVÖLDMATUR
FJÖLSKYLDA
ÁVÖXTUR
GRILL
GRÆNMETI
HEITT
HUNGUR
KJÚKLINGUR
HÁDEGISVERÐUR
HNÍFA

TÓNLIST
PIPAR
SALÖT
SÓSA
TÓMATAR
LAUK
BOÐ
FORKS
SUMAR
SALT

73 - Schoonheid

```
S S W G B K A O N O E K Þ Z L L
V N J I C C B Q R R E O N M P I
A I Y A U L H H H O H O R X A T
R D B R M W M W K Q E P X C T U
A N T A T P O X X I I R Æ K S R
L Y D K T I Ó N Á Ð L U E N U K
I M S S É U V V Y R L R K H N M
T S H A L F Ð Ö Þ A A Ö H Q Ó S
U Ó A M S W Q F R F A V Q S J T
R J S P E G I L L U X H O T Þ Í
G L Æ S I L E I K I R H Ú S W L
G L Æ S I L E G U R Z G C Ð B I
K R U L L A R R Ð A A N I Ð U S
I L M U R G V G D U W D W C C T
Q T N H F A F H U R T D O L Q I
T F N U Z O X H F M S Ð M Y D I
```

HEILLA
SNYRTIVÖRUR
ÞJÓNUSTA
GLÆSILEGUR
GLÆSILEIKI
LJÓSMYNDIN
NÁÐ
ILMUR
SLÉTT
HÚÐ

LITUR
KRULLA
VARALITUR
MASKARA
VÖRUR
SKÆRI
SJAMPÓ
SPEGILL
STÍLISTI
FARÐI

74 - Wetenschappelijke Discip

```
L  Í  F  E  Ð  L  I  S  F  R  Æ  Ð  I  J  K  S
Ð  Þ  Y  E  V  É  L  F  R  Æ  Ð  I  Ð  G  Q  T
Þ  W  X  I  F  W  M  Z  O  X  Q  Ð  Æ  T  T  J
M  Y  S  Ð  I  N  G  M  W  V  D  Æ  R  Þ  A  Ö
M  H  Y  Æ  Ð  I  A  D  N  G  P  R  F  A  U  R
R  L  Y  R  Æ  Ð  Þ  F  C  N  T  F  A  F  G  N
L  Í  F  F  R  Æ  Ð  I  R  U  S  A  M  J  A  U
X  V  V  A  F  R  A  I  D  Æ  Q  D  R  A  F  F
S  I  É  R  S  F  N  C  C  F  Ð  N  A  R  R  R
Á  S  L  Æ  I  A  F  Æ  V  X  C  I  V  Ð  Æ  Æ
L  T  M  F  M  N  N  Ð  R  Ð  C  E  N  F  Ð  Ð
F  F  E  F  Æ  F  L  N  S  I  P  T  M  R  I  I
R  R  N  Í  N  E  F  Þ  Þ  E  N  S  A  Æ  S  S
Æ  Æ  N  L  Ó  F  D  A  Q  Þ  D  G  N  Ð  N  F
Ð  Ð  I  Q  S  Í  P  Y  S  Q  F  S  J  I  M  E
I  I  D  V  Z  L  V  E  Ð  U  R  F  R  Æ  Ð  I
```

LÍFFÆRAFRÆÐI	VÉLFRÆÐI
STJÖRNUFRÆÐI	VEÐURFRÆÐI
LÍFEFNAFRÆÐI	STEINDAFRÆÐI
LÍFFRÆÐI	TAUGAFRÆÐI
EFNAFRÆÐI	SÁLFRÆÐI
VISTFRÆÐI	VÉLMENNI
LÍFEÐLISFRÆÐI	VARMAFRÆÐI
JARÐFRÆÐI	NÆRING
ÓNÆMISFRÆÐI	

75 - Bijvoeglijke Naamwoorden

```
C  V  D  M  S  N  Á  T  T  Ú  R  U  L  E  G  T
H  T  A  M  L  K  S  V  A  N  G  U  R  B  D  T
J  F  P  E  L  Q  A  S  A  L  T  U  R  Q  R  Ý
Á  Þ  P  Þ  I  A  T  P  U  T  Ð  L  X  R  A  N
H  H  R  I  K  B  S  I  A  I  D  A  U  U  M  L
E  F  U  P  I  X  T  Y  F  N  K  K  Z  T  A  O
I  S  G  G  M  N  T  V  F  S  D  U  X  T  T  C
L  S  R  U  A  C  N  U  B  J  U  I  P  Y  Í  B
B  W  Y  L  T  V  I  E  H  J  A  T  K  E  S  A
R  F  B  E  S  Q  E  V  R  N  P  Ð  J  R  K  I
I  E  Á  G  A  I  R  R  U  U  N  T  U  Þ  X  P
G  R  R  S  K  E  H  H  T  L  L  I  V  R  W  N
Ð  S  Y  O  F  H  V  Þ  L  L  Ý  S  A  N  D  I
U  K  V  V  A  R  J  K  O  B  P  Þ  S  N  Ð  Z
R  U  A  W  U  X  Q  Y  T  G  E  L  I  L  Ð  E
J  R  U  K  R  E  T  S  S  S  Y  O  Z  F  S  T
```

EKTA
LÝSANDI
SKAPANDI
DRAMATÍSK
HEILBRIGÐUR
SVANGUR
ÁHUGAVERT
ÞREYTTUR
NÁTTÚRULEGT
NÝTT

EÐLILEGT
AFKASTAMIKILL
SYFJAÐUR
STERKUR
STOLTUR
ÁBYRGUR
FERSKUR
VILLT
SALTUR
HREINT

76 - Kleding

```
H Ð V F V B U A K S N A H P R D
P Á F S R X V S G V J K U I Y Ð
O Y L U K F V Y D U Z M E L P T
H X Y S S Y N E R N Y L T S T Q
W X G K M K D P Z T A I Ð T F C
R W F H L E Y M Þ U K B F P R V
D R J Ð H H N R Ó K S K M L R M
N I R C U O Y B T G Í Y Z R E K
Á T R E F I L U R A T L G L A Á
T L Þ S U K Q X Þ G S K Ó B J P
T E O O G K S U K J Ó L L L X U
F B W K M A D R U T T A H Ú C N
Ö Y F K K J F G L V R I U S W O
T K F A M V S C Y L U L F S G Ð
Ð X U R V F H K P H M P W A X V
V Þ G C K U D F C K X S S X M G
```

ARMBAND
BLÚSSA
BUXUR
HANSKA
HATTUR
KÁPU
JAKKI
KJÓLL
HÁLSMEN
TÍSKA

NÁTTFÖT
BELTI
PILS
SKÓ
SKÓR
SVUNTU
SKYRTA
TREFIL
SOKKAR
PEYSA

77 - Vliegtuigen

```
M T W F P T U J U C H N X L M I
A W U F J F Æ M O V X G T E U C
B F N Ð F D V Ó K Y R R Ð N D T
Ð L É V C R I W T R P I P D U Z
S I Ö Y P X N L A W Z H W I X K
Z L V Ð M Z T Á Þ K L H W N C H
V O R Æ R L Ý H Þ I G P B G A Ö
J F L H U U R Ö F A R Þ E G I N
G T Á Þ G P I F Ð S S M Í Ð I N
H I M I N N P N W A L G I S E U
B E N S D B S R E G V E T N I N
V W R Z N Þ Þ T U A A Y R Y L T
Y U Ó A O Ð M A E N U F U Y Ð D
R V J H E T Q S R F A P I Y B Q
X I T Y E N S D L E N Z D P K W
T M S P E R U Ð A M G U L F V Z
```

UPPRUNA	LENDING
STJÓRNMÁL	LOFT
ÆVINTÝRI	VÉL
BLÖÐRU	SIGLA
ÁHÖFN	HÖNNUN
SMÍÐI	FARÞEGI
ELDSNEYTI	FLUGMAÐUR
SAGA	STEFNU
HIMINN	ÓKYRRÐ
HÆÐ	VETNI

78 - Herbalisme

```
G A Þ B O X L N Q S M D W M F G
U O N A G E R O Z B C M I Ó Þ Ð
G C V S A F F R A N A E L G G
L R M I Ð Æ G X U H Ð T G B L T
O C Æ L J F H N Ð E J R O S Y H
F A G N S T I K R L P E X T P Q
N U P O T T I N A J M I T M T Þ
A T D G Z K E C G M A Ð G A R B
R L Þ A Z K D I F G I S J R P E
B S P R O E I D N A M L I O F F
L S J T E Þ D E S S W U U J E N
Ó W M S Z Y V M S S E L W R N I
M Ð P E E K H J T F U L F A N W
J M M M Þ T U M D V O G J M E K
V B S I L R Ó S M A R Í N A L P
H V Í T L A U K U R B T Z B L F
```

ILMANDI	LOFNARBLÓM
BASIL	MARJORAM
BLÓM	OREGANO
MATREIÐSLU	STEINSELJA
DILL	RÓSMARÍN
ESTRAGON	SAFFRAN
GRÆNT	BRAGÐ
EFNI	TIMJAN
HVÍTLAUKUR	GARÐUR
GÆÐI	FENNEL

79 - Kracht en Zwaartekracht

```
V  D  M  R  H  R  E  Y  F  I  N  G  A  N  H  I
S  É  X  B  N  G  M  Y  I  D  E  O  L  Ú  F  M
B  W  L  D  O  T  X  Þ  R  S  Ð  Ð  H  N  R  Q
Q  P  B  F  D  H  A  X  H  T  L  D  L  I  Þ  O
Ð  G  Æ  L  R  A  J  F  Á  Æ  I  Á  N  I  A
E  M  H  Q  R  Æ  D  G  K  K  S  S  Ð  G  Q  J
J  Þ  P  T  E  P  Ð  F  U  K  F  F  A  O  A  N
Y  N  Z  P  K  R  B  I  Z  U  R  I  N  G  I  E
U  P  P  G  Ö  T  V  U  N  N  Æ  H  R  X  E  D
Þ  R  Ý  S  T  I  N  G  U  R  Ð  U  R  R  M  Ð
Þ  Þ  A  P  Z  V  F  D  I  K  I  V  K  A  B  J
W  Y  S  P  O  R  B  R  A  U  T  K  O  J  Ð  R
N  N  J  V  T  O  T  Ð  Q  M  A  S  E  Ð  Q  I
K  G  H  H  J  Y  Ð  Í  A  M  C  M  R  I  E  K
Q  D  P  W  W  Q  K  F  M  T  Z  F  R  M  D  H
S  E  G  U  L  M  A  G  N  I  S  T  Æ  R  Ð  A
```

FJARLÆGÐ	SEGULMAGN
ÁS	VÉLFRÆÐI
SPORBRAUT	EÐLISFRÆÐI
HREYFING	STÆRÐ
MIÐJA	UPPGÖTVUN
ÞRÝSTINGUR	HRAÐI
KVIK	TÍMI
EIGNIR	STÆKKUN
ÞYNGD	ALHLIÐA
ÁHRIF	NÚNING

80 - Het Bedrijf

```
M  Ð  G  O  Q  G  A  L  Þ  J  Ó  Ð  L  E  G  T
Ö  H  K  R  U  Æ  A  G  Þ  J  B  J  O  K  N  P
G  Ð  D  Ð  X  Ð  N  O  E  T  J  C  B  K  I  T
U  L  C  S  R  I  R  A  F  M  A  R  F  Y  N  R
L  E  Y  P  A  R  A  R  K  F  Á  F  K  Z  N  U
E  L  B  O  J  S  H  K  G  F  F  H  A  O  Y  G
I  Á  A  R  Ý  L  W  P  X  Z  K  I  Æ  A  K  E
K  K  N  U  N  V  U  Z  H  B  P  K  C  T  T  L
A  V  N  G  N  I  T  S  E  F  R  Á  J  F  T  G
N  Ö  I  D  N  A  P  A  K  S  U  R  Ö  V  S  A
V  R  V  Y  Y  O  P  N  V  X  Ð  B  K  E  K  F
S  Ð  T  Þ  Q  Þ  M  U  F  Þ  A  K  T  V  O  U
V  U  A  K  R  G  Z  R  A  G  N  I  N  I  E  O
A  N  J  E  L  Ó  N  Ð  J  Q  Ð  N  Z  F  Z  Ð
T  E  K  J  U  R  U  I  T  P  I  K  S  Ð  I  V
Ð  T  F  L  L  L  I  N  E  S  J  S  V  A  Z  B
```

ÁKVÖRÐUN	MÖGULEIKA
SKAPANDI	KYNNING
EININGAR	VÖRU
ALÞJÓÐLEGT	FAGLEGUR
IÐNAÐUR	ORÐSPOR
TEKJUR	ÁHÆTTA
NÝJAR	ÞRÓUN
FJÁRFESTING	FRAMFARIR
GÆÐI	ATVINNA
LAUN	VIÐSKIPTI

81 - Rijden

```
I  H  L  Y  T  Ð  R  U  G  E  V  P  J  P  Þ  M
N  I  H  Æ  T  T  A  M  Þ  D  Y  L  C  I  V  A
J  D  J  Ð  H  Y  S  F  L  J  E  U  Þ  Z  M  C
V  N  X  B  G  F  Z  E  F  E  J  F  Y  C  X  X
Q  A  V  C  H  L  W  R  J  R  U  S  M  E  R  B
O  G  N  R  V  Þ  Þ  Ð  D  Ú  Q  R  Z  H  O  X
D  N  Þ  V  H  R  A  Ð  I  K  B  I  A  M  L  V
G  A  T  A  Ö  U  Q  V  Y  S  X  T  P  U  Ö  F
K  G  E  A  B  R  S  A  G  L  E  Y  F  I  G  E
D  O  H  F  B  O  U  L  T  Í  F  E  F  G  R  G
Q  J  R  T  Í  T  H  B  Y  B  G  N  Ö  G  E  N
F  T  I  T  L  Ó  V  H  Í  S  N  S  Ð  Y  G  G
V  L  A  A  L  M  B  Y  Ð  L  A  D  K  R  L  R
M  Ó  T  O  R  H  J  Ó  L  K  L  L  Y  Ö  A  E
F  W  M  N  J  I  R  B  S  B  H  E  S  C  N  Q
F  U  Y  J  N  I  T  A  W  K  E  D  R  H  J  O
```

BÍLL	LÖGREGLAN
ELDSNEYTI	BREMSUR
BÍLSKÚR	HRAÐI
GAS	GATA
HÆTTA	GÖNG
KORT	ÖRYGGI
LEYFI	UMFERÐ
MÓTOR	GANGANDI
MÓTORHJÓL	VÖRUBÍLL
SLYS	VEGUR

82 - Natuurkunde

```
T  I  L  R  A  U  N  F  O  R  M  Ú  L  A  K  L
K  N  G  A  M  L  U  G  E  S  L  I  A  V  C  Z
L  F  A  R  A  D  G  N  Y  Þ  S  T  J  B  D  D
H  E  U  Q  U  K  O  Q  T  X  X  L  Í  E  W  O
Þ  E  J  G  Y  Þ  I  U  L  Q  Þ  R  I  Ð  T  P
Þ  É  T  T  L  E  I  K  I  M  E  S  S  I  N  Z
M  C  T  G  É  X  Ð  P  P  W  G  A  S  L  F  I
H  N  Q  P  V  Ð  Æ  V  Þ  E  J  K  Ð  U  J  F
V  R  N  P  H  O  T  R  Z  Q  V  Þ  Þ  A  S  C
É  A  Ö  S  F  K  S  R  A  F  E  I  N  D  R  H
L  L  Z  Ð  V  F  F  A  Ð  V  W  G  G  N  K  H
F  H  Q  Ð  U  Q  A  V  O  Þ  X  I  Ö  I  R  Þ
R  L  P  P  L  N  A  K  R  V  U  P  I  E  S  Q
Æ  I  D  D  O  O  T  E  Y  Q  Ð  R  Z  M  W  U
Ð  Ð  J  K  A  C  Ó  X  R  C  A  Q  P  A  H  K
I  A  B  W  U  Ð  M  W  H  Z  Ð  L  V  S  K  F
```

ATÓM	SEGULMAGN
ROÐA	MESSI
EFNI	VÉLFRÆÐI
ÖGN	SAMEIND
ÞÉTTLEIKI	VÉL
RAFEIND	AFSTÆÐI
TILRAUN	HRAÐA
FORMÚLA	ALHLIÐA
TÍÐNI	HRÖÐUN
GAS	ÞYNGDARAFL

83 - Muziekinstrumenten

```
F C I R L A J Ó L L E S Ó F Q S
A P R A H S M J W V D T B I M U
G N O G S F G N G A R M Ó Ð K Þ
O N T R O M M A K N U A W L R S
T E P M O R T B K R B N T U E X
T K L A R I N E T T M D X Í V S
G Ð Y B X A C F S I U Ó G Þ G A
C S T M Q J H Z L K B L E P A X
T Q S I W K C W M A Ó Í M B L Ó
B M U R G M Þ X M N U N I B S F
Z Y Z A O D Ð Z J Ú Q T A L L Ó
V Þ N M U F B F P S H Q U Í K N
M U N N H Ö R P U Á P O Z S P X
F G S Y U R G Þ Y B Q P L C Q Þ
D X Ð B U S W Þ W T F U C X Q N
X W H E F D W C Q T D V Þ R K X
```

BANJÓ	MARIMBA
SELLÓ	MUNNHÖRPU
FAGOTT	SLAGVERK
FLAUTU	PÍANÓ
GÍTAR	SAXÓFÓN
GONG	BUMBUR
HARPA	BÁSÚNA
ÓBÓ	TROMMA
KLARINETT	TROMPET
MANDÓLÍN	FIÐLU

84 - Antiek

```
Þ  Q  G  G  S  C  A  F  G  V  O  O  R  E  J  P
F  T  T  A  L  G  Æ  Ð  I  E  D  P  R  N  P  A
P  N  M  T  M  Æ  K  T  X  R  R  E  A  D  Y  E
B  X  N  K  B  A  S  S  K  Ð  D  Ð  G  U  T  W
K  N  Q  E  I  J  L  I  D  Ð  N  O  N  R  Ó  T
H  C  A  F  K  W  Í  L  L  T  Y  B  I  R  V  Q
Q  N  I  F  J  Ð  T  F  Ö  E  M  P  T  E  E  E
O  U  B  W  R  Á  S  T  I  N  G  P  Y  I  N  W
W  D  G  S  I  Ð  R  I  V  G  G  U  E  S  J  J
S  A  F  N  A  R  I  F  R  Ö  Ö  Ð  R  N  U  O
G  A  L  L  E  R  Í  F  E  G  H  R  K  D  L  W
Z  Ð  G  Z  M  M  H  X  P  S  K  K  S  C  E  G
M  Á  L  V  E  R  K  U  E  Ú  T  L  K  R  G  K
I  N  D  W  C  G  S  W  X  H  N  I  F  M  T  M
G  O  P  M  L  R  O  Y  P  B  Y  J  N  Ð  X  E
F  W  U  B  Þ  P  G  W  M  O  M  L  E  G  P  H
```

EKTA
HÖGGMYND
SKREYTINGAR
ÖLD
GLÆSILEGUR
GALLERÍ
FJÁRFESTING
LIST
GÆÐI
HÚSGÖGN

MYNT
ÓVENJULEGT
GAMALL
VERÐ
ENDURREISN
MÁLVERK
STÍL
UPPBOÐ
SAFNARI
VIRÐI

85 - Activiteiten en Vrije Ti

```
X  M  H  B  S  U  Q  M  F  T  Þ  K  Á  H  F  D
S  H  Á  K  A  L  B  M  J  C  S  Z  H  A  Ó  D
R  M  N  L  A  P  Z  L  N  F  J  C  U  F  T  O
I  Ð  I  E  V  P  D  P  U  H  B  A  G  N  B  R
Ð  N  L  C  F  E  P  Ð  F  O  X  H  A  A  O  S
R  U  Ú  J  L  A  R  A  Ö  R  O  D  M  B  L  U
E  S  Þ  O  Q  L  K  K  Ð  Q  R  Á  O  T  N
F  L  J  Q  G  Q  U  E  T  S  I  L  L  L  I  D
U  X  Æ  C  K  Ð  Þ  R  I  W  T  Z  B  T  W  O
G  M  Ð  A  C  M  U  P  K  K  S  U  I  I  Þ  S
N  Q  A  Þ  J  B  N  C  N  O  A  A  R  Ð  M  N
Ö  L  F  V  N  A  J  K  R  Y  Ð  R  A  G  G  R
G  E  P  J  A  C  U  R  H  V  R  Q  Ð  H  M  C
N  N  W  T  E  N  N  I  S  K  E  C  S  Y  T  B
T  S  P  D  I  T  L  O  B  U  F  R  Ö  K  T  O
A  F  S  L  A  P  P  A  N  D  I  J  E  D  N  V
```

KÖRFUBOLTI	KAPPAKSTUR
HNEFALEIKAR	FERÐAST
KÖFUN	MÁLVERK
GOLF	TENNIS
VEIÐI	GARÐYRKJA
ÁHUGAMÁL	FÓTBOLTI
HAFNABOLTI	BLAK
ÚTJÆÐA	GÖNGUFERÐIR
LIST	SUND
AFSLAPPANDI	

86 - Water

```
Y  F  D  K  U  W  R  A  S  R  U  D  L  Ö  Z  Ð
V  Q  Þ  V  Ð  Q  G  H  G  I  R  D  F  U  K  O
F  S  O  T  F  D  U  T  E  G  C  N  S  I  N  G
M  E  Í  P  E  P  F  R  Y  N  J  O  Ð  G  S  D
Z  K  L  K  L  D  U  A  S  I  F  F  T  J  F  R
W  A  H  L  U  K  D  K  I  N  W  G  U  A  H  Y
Ð  L  A  U  I  R  R  I  R  G  Y  O  B  Z  Þ  K
N  U  F  Y  G  B  R  I  V  E  R  Þ  C  F  U  K
Á  V  E  I  T  U  Y  Í  S  M  R  F  O  N  P  J
F  Ð  Þ  Z  O  Z  F  L  L  L  Q  Þ  Y  Ú  P  A
R  X  S  I  I  Ð  W  T  U  T  R  U  T  S  G  R
O  N  N  W  F  J  G  Þ  L  R  V  U  P  N  U  H
S  Q  J  R  S  I  C  Q  X  V  F  A  O  O  F  Æ
T  Ð  Ó  L  F  K  W  Ð  J  R  Ö  K  U  M  U  F
I  Z  R  G  O  L  L  D  Q  D  J  K  Z  Y  N  T
Þ  V  S  O  E  W  Y  D  D  P  Þ  W  J  V  Y  F
```

STURTU	FELLIBYLUR
DRYKKJARHÆFT	FLÓÐ
GEYSIR	RIGNING
ÖLDUR	RIVER
ÍS	SNJÓR
ÁVEITU	GUFU
SÍKUR	UPPGUFUN
LAKE	RÖKUM
MONSÚN	RAKI
HAF	FROST

87 - Koffie

```
O B K V M D U S T Z V M K F Ð L
F T F O O D R P Í M E Z Q L Q Ð
G Z C E R F Ú Y P A S I H J L D
H L Z A G B S M K R G R H Ó I K
R S Þ Þ U F X X H K U I T T E P
W L J N N T A V N C U N R A E L
A P Þ I N J M F P L P R A N V B
C L C N D B Ó B S N Y V V D U J
M J Ó L K R J R V D K P S I G D
R U T P B A R E C Þ H M D S I W
E N M Ð S G T N Í F F O K I M B
F V Ð E M Ð Q N R P Ð W I G K Ð
D I O R A I N T Y E R B L Ö J F
V E R Ð L S Y K U R K U L N Þ R
I F L I A I L M U R Ð R O F N F
L L I A W T H B I T U R B H W F
```

ILMUR
BOLLI
BITUR
KOFFÍN
DRYKKUR
SÍA
BRENNT
MALA
MJÓLK
MORGUNN

UPPRUNA
VERÐ
RJÓMA
BRAGÐ
SYKUR
FJÖLBREYTNI
FLJÓTANDI
VATN
SÚR
SVART

88 - Schaken

```
M I K B C T Á C V Ð D M I H W L
Ð E F B W N Q S S N J A L L H D
Z T I N P P E K K D R E G L U R
X N Y S Þ K F Ð M O Q B V J Ð I
A T X K T Ó M I D U R X Y H W W
J S U A L A Ð R E G Ð A Z F O U
S K G D M Þ R U K I E L N H L F
D T A P B I U I A M V Þ J I D Ó
R R E S Q C G S Ð Í Þ G A W R R
O A B F O V N T L T Y N B T D N
T V A P N K U I Æ N C P X F Y O
T S A X E U N G R H V Í T U R S
N F Y O X T O L A S E K W J A K
I R U Ð A M K I E L T B F E N Á
N J M Ó T M Æ L A N D I B K Ð S
G E Q Y E Þ U J A Q Ð S Y R T J
```

SKÁ
MEISTARI
KONUNGUR
DROTTNING
AÐ LÆRA
FÓRN
AÐGERÐALAUS
STIG
REGLUR
SNJALL

LEIKUR
LEIKMAÐUR
STEFNU
MÓTMÆLANDI
TÍMI
MÓT
ÁSKORANIR
KEPPNI
HVÍTUR
SVART

89 - Boerderij #1

```
E H Z G D Y K Ö T T U R G R D C
K B G M S Ð P I Z E R U F L Á K
K O R Z B Í A C G J I D G Y A L
Z A B Q K D I C H K M N T A V G
I F V Þ Ý I F T Y K F U X L A V
G N I Ð R I G J G I E H V C A Ð
O J Y R U Ð A N Ú B D N A L S I
Þ M Ð Z G H R W Z H G W F X N X
T F H M N V E T C K O D C T I S
X R L K I L Ð Y J H H F E A Q Y
I Þ X O L H R Í S G R J Ó N K B
I G Þ J K H U N A N G N Y L Ð U
G M S Ð Ú K K R Á K A Ð S Æ I S
Ð E X C J Q U Á B U R Ð U R Ð Þ
J D I N K X R R U T S E H F D H
N K Ð T F P X U B Y W L E N G I
```

BÍ
ASNI
GEIT
GIRÐING
HUNDUR
HUNANG
HEY
KÁLFUR
KÖTTUR
KJÚKLINGUR

KÝR
KRÁKA
FLOKKUR
LANDBÚNAÐUR
ÁBURÐUR
HESTUR
HRÍSGRJÓN
ENGI
VATN
FRÆ

90 - Huis

```
W H E R B E R G I G Q E W K Z Ð
Q X R A F G A K V U S Z S J P J
B Q C V N N I P M O R T S A Q W
R H B O U I G G E V W R H L J T
T E Ó W Þ Ð R U H C X D P L T G
J O K E A R E L A M P I Y A Q W
Þ J A L G I B Í L S K Ú R R T F
I A S D I G R V L Þ N N N I R A
L I A H S E E G I C A C X H U T
H K F Ú I Þ H O G H E K T P T T
G Ú N S D F N N E B O Q U F S O
J A S C C I F G P L O F T K Ú M
V Q R G Þ Þ E E S M J X R V K F
M Q S Ð Ö T V B Q Z H N U C D L
M C M C U G S M P K O K T F Z Ó
X Ð Ð K K R N V R I W W S X D G
```

KÚSTUR
BÓKASAFN
ÞAK
HURÐ
STURTU
BÍLSKÚR
ARINN
GIRÐING
HERBERGI
KJALLARI

ELDHÚS
LAMPI
HÚSGÖGN
VEGG
LOFT
STROMPINN
SVEFNHERBERGI
SPEGILL
GÓLFMOTTA
GARÐUR

91 - Geometrie

```
L L I R E F M X B C R T F Þ F V
K Ó Þ W O P Q L D Z D F W R E C
V Q Ð M F J Q L B L X O R Í R O
T Ð Æ R X R B Á C C K C Y H N C
Ð A H Q É L W R I R S K F Y I D
I I K M W T M É T C A E I R N C
L I T U L H T T A Q A N R N G C
V Ð I S S E M T L F Ð N B I U F
M Æ D D Í V J G O X I I O N R Z
K R L J Þ V E R M Á L N R G F I
B F I P A Z Þ D E M H G Ð U V B
I K G Q U F R E V H M A S R Q Þ
G Ö Ð V Y J N R O H A M Y E H C
H R I N G Z A A M Þ S Ð Q Ð T K
J Ð M Ú T R E I K N I N G A H N
A K R W G C J S Þ B F F L T Y U
```

ÚTREIKNING
HRING
FERILL
ÞVERMÁL
VÍDD
ÞRÍHYRNINGUR
HORN
HÆÐ
LÁRÉTT
RÖKFRÆÐI

MESSI
MIÐGILDI
YFIRBORÐ
SAMHLIÐA
HLUTI
SAMHVERFU
KENNING
JAFNA
LÓÐRÉTT
FERNINGUR

92 - Jazz

```
N  L  T  S  I  L  N  Ó  T  Q  P  T  Þ  H  P  Ð
M  N  S  A  M  L  I  U  Z  F  L  R  H  L  K  D
G  Y  R  P  W  A  N  S  K  J  Ö  V  J  R  Y  D
Z  A  A  R  A  M  U  E  T  L  T  W  T  T  X  P
G  F  K  Ð  P  A  P  Þ  G  A  U  L  Ý  Þ  L  V
I  G  I  R  Y  G  S  Q  A  J  M  J  Y  N  P  I
T  I  E  V  S  M  Ó  J  L  H  H  A  N  Ð  G  V
Æ  Ó  L  A  R  L  P  A  Á  G  Æ  D  Ð  Ý  A  Q
L  D  N  U  G  E  T  U  H  C  F  V  V  U  T  P
R  D  Ó  S  L  S  U  M  E  I  I  H  H  T  R  T
I  S  T  M  K  K  A  M  R  V  L  L  O  H  V  F
T  U  W  Y  T  Á  X  A  S  N  E  I  P  U  S  R
F  T  Æ  K  N  I  L  P  L  C  I  S  T  Í  L  Æ
E  T  A  K  T  U  R  D  A  T  K  G  K  F  T  G
L  Ó  F  A  K  L  A  P  P  D  I  C  S  U  C  U
S  A  M  S  E  T  N  I  N  G  C  V  A  N  Ð  R
```

PLÖTU	TÓNLIST
LÓFAKLAPP	ÁHERSLA
LISTAMAÐUR	NÝTT
FRÆGUR	HLJÓMSVEIT
TÓNSKÁLD	GAMALL
TÓNLEIKAR	TAKTUR
EFTIRLÆTI	SAMSETNING
TEGUND	STÍL
SPUNI	HÆFILEIKI
LAG	TÆKNI

93 - Getallen

```
S N D K M N Á T R Ó J F Á T T A
A E B M O C G T C H K T M V P Z
U Y T Z A Ð U Ö J S T S I V G T
T C E E F T F G F Á M E Þ M F T
J R V Z J T E Z I A N X R E Z W
Á R Q C R C N L M N Á Ð E Þ O Y
N V J L B Q L X M U T E T A M R
W A I H X R Þ J J W M J T H O R
O M X T H D A H Z V M F Á Y I O
S E Y T V E I R O Þ I G N N I E
B N T U T T U G U R F L Ó T N G
S E X T Á N Í Í K Í I K E T Ú V
G M R Z K Z T X N R P R S B L N
Q W O G E I N Í T J Á N Ó Þ L Ð
I Q B C E D C V W J Ð Þ X J J H
Þ I C V G U J R V G D C U Z F U
```

ÁTTA	TVEIR
ÁTJÁN	TUTTUGU
ÞRETTÁN	FJÓRTÁN
ÞRÍR	FJÓRIR
EINN	FIMM
NÍU	FIMMTÁN
NÍTJÁN	SEX
NÚLL	SEXTÁN
TÍU	SJÖ
TÓLF	SAUTJÁN

94 - Boksen

```
S  U  K  Ó  F  B  Ú  I  N  N  Þ  O  H  M  F  Y
Þ  T  F  P  V  M  F  P  Y  J  X  L  O  Ó  W  J
D  F  Y  O  Y  D  I  M  A  K  Í  L  R  T  J  T
E  Ó  Q  R  P  G  P  I  Z  M  Ð  A  N  M  O  R
T  G  M  L  K  G  I  T  S  G  W  L  R  Æ  L  M
R  P  U  A  W  U  E  Þ  E  Z  I  Q  A  L  U  N
L  U  E  L  R  P  R  A  K  R  E  V  Á  A  I  K
U  V  Z  L  H  I  H  O  T  K  U  Z  H  N  F  P
A  S  W  A  H  A  N  S  K  A  C  R  U  D  Ð  Þ
O  Þ  Z  J  E  G  M  Z  T  K  B  Q  F  I  P  W
T  X  Q  B  H  O  D  S  M  R  P  A  L  F  X  O
H  Æ  F  N  I  B  R  M  Y  A  M  T  J  E  V  K
J  F  G  P  H  N  A  A  Q  P  V  F  Ó  N  V  D
U  J  W  I  J  L  O  B  C  S  V  S  T  H  S  M
E  D  W  Þ  M  O  H  W  N  W  I  P  U  K  Ö  H
I  M  S  R  U  Ð  A  M  A  G  A  D  R  A  B  D
```

OLNBOGA	DÓMARI
FÓKUS	SPARKA
HANSKA	FLJÓTUR
BATA	MÓTMÆLANDI
HORN	REIPI
HÖKU	BÚINN
BJALLA	HÆFNI
STYRKUR	BARDAGAMAÐUR
LÍKAMI	ÁVERKAR
STIG	HNEFI

95 - Boerderij #2

```
G  B  L  V  Y  J  M  R  Z  A  X  Þ  Ð  Q  Þ  M
R  G  Ý  A  L  L  Y  M  D  N  I  V  D  F  Q  J
Æ  X  Þ  F  M  W  Z  Þ  L  J  A  A  G  V  Y  Ó
N  Z  Y  A  L  A  Ð  U  Ö  N  D  E  T  R  X  L
M  B  B  L  B  U  D  X  M  W  E  V  M  N  Z  K
E  Ð  W  W  H  Y  G  Ý  K  L  M  I  G  N  E  Q
T  R  G  W  P  C  K  N  R  W  F  T  R  T  J  G
I  R  R  Z  R  U  Ð  R  A  G  N  I  D  L  A  H
T  B  Y  G  G  C  N  A  Á  B  Z  E  Ð  T  C  U
U  P  F  M  X  V  T  P  Þ  V  Ú  V  Q  P  T  Y
Ð  R  Z  J  V  F  Q  N  W  H  Ö  H  T  X  W  V
Ö  H  Ð  M  R  W  O  M  N  R  I  X  N  S  G  O
L  É  V  R  A  T  T  Á  R  D  R  V  T  G  X  N
H  I  R  Ð  I  R  H  B  O  N  X  K  C  U  Q  A
A  L  A  M  B  M  V  Q  K  I  D  N  Ó  B  R  T
Á  V  E  I  T  U  L  O  H  K  X  D  Ý  R  U  W
```

BÝFLUGNABÚ	LAMB
BÓNDI	LAMADÝR
ALDINGARÐUR	KORN
DÝR	MJÓLK
ÖND	KIND
ÁVÖXTUR	HLÖÐU
BYGG	HVEITI
GRÆNMETI	DRÁTTARVÉL
HIRÐIR	ENGI
ÁVEITU	VINDMYLLA

96 - Psychologie

```
V M X O Þ H L M H V V L G N E I
I I Y B B S Y E E E A X H L G P
T N K E Y N I Ð G R N D O V Ó E
S N Þ L R J X F Ð U D W R X N R
M I U O Í B Y E U L A R V V L S
U N R W V N P R N E M A O I M Ó
N G L Y R U Í Ð I I Á G Ð N Ð N
I A H E E J P S J K L N H G Z U
P R F D Y N A P K I T I Z E B L
U M R N N Y H U G S A N I R P E
X J A H S K L X S J I N Þ F V I
Z M M T L S Y U O P O I D I O K
W Y U E U U A M I B J F O S P I
V H A K S Æ N R A B T L X Æ Þ O
F I R H Á X B G C S N I F W Þ A
R I D N Y M G U H C F T Á T Ö K
```

MAT
VITSMUNI
ÁTÖK
DRAUMAR
EGÓ
TILFINNINGAR
REYNSLU
HUGSANIR
HEGÐUN
ÆSIFREGN

MINNINGAR
HUGMYNDIR
ÁHRIF
BARNÆSKA
KLÍNÍSK
SKYNJUN
PERSÓNULEIKI
VANDAMÁL
VERULEIKI
MEÐFERÐ

97 - Zakelijk

```
S E S Z A K P F V F B Z G E V D
K W K V P F O C J I Ú A K Y E U
A T R I E O S S A Á Ð Ð N P R G
T E I N N V D L T D R O B D K H
T K F N I E I T Á N Ð M Q Ð S A
A J S U N S Þ S Z T A Þ Á Þ M G
R U T V G K G Y W N T Ð J L I F
E R O E A N Þ J E Y E U U I Ð R
A Z F I R Ó J T S M I A R R J Æ
O W A T F Y R I R T Æ K I E U Ð
R U Ð A M S F R A T S Ð G F C I
J R Z N F J Á R F E S T I N G H
Þ Y K D H A G N A Ð U R V F X K
X G L I I N Z V I Ð S K I P T I
R T K U V J V Þ Q A C W P B J D
C L V S Ö L U Y T T F J N R M T
```

STJÓRI
FYRIRTÆKI
SKATTAR
FERIL
HAGFRÆÐI
VERKSMIÐJU
FJÁRMÁL
PENINGAR
TEKJUR
FJÁRFESTING

SKRIFSTOFA
AFSLÁTTUR
KOSTNAÐUR
VIÐSKIPTI
MYNT
SÖLU
VINNUVEITANDI
STARFSMAÐUR
BÚÐ
HAGNAÐUR

98 - Voeding

```
A  H  R  Ð  Y  D  A  M  V  O  S  G  H  K  H  H
X  E  B  L  Z  G  C  I  Í  U  Q  Ð  Q  V  E  I
U  I  Ð  Æ  G  L  I  N  T  E  V  L  O  K  I  T
B  L  W  W  F  R  G  Þ  A  V  K  Ö  V  E  L  A
Z  S  B  I  T  U  R  F  M  M  Q  L  Q  M  B  E
M  A  T  M  J  V  A  Ð  Í  C  L  E  G  O  R  I
P  A  C  T  X  V  D  G  N  Y  Þ  N  Ð  W  I  N
Æ  Q  T  L  H  C  O  A  D  X  M  L  O  X  G  I
T  Y  U  A  M  K  J  R  U  G  E  L  Ó  R  Ð  N
U  P  Q  P  R  Z  A  B  F  P  N  Ð  U  H  U  G
R  C  H  F  L  L  L  W  L  R  R  I  Z  Y  R  A
H  Z  E  G  B  N  Y  W  E  Ó  Þ  S  T  W  T  R
E  B  W  K  K  D  Ð  S  U  T  Ð  Ð  B  L  S  W
M  A  T  A  R  Æ  Ð  I  T  E  I  T  X  V  E  X
E  S  I  N  F  E  R  U  T  I  E  F  O  Þ  Ð  M
S  Ó  S  A  E  E  W  X  M  N  U  J  R  E  G  A
```

BITUR
HITAEININGAR
MATARÆÐI
ÆTUR
MATARLYST
PRÓTEIN
RÓLEGUR
GERJUN
ÞYNGD
HEILBRIGÐUR

HEILSA
KOLVETNI
GÆÐI
SÓSA
BRAGÐ
MELTING
EITUREFNI
VÍTAMÍN
VÖKVA

99 - Chemie

```
I  E  K  S  Ú  R  J  A  O  Þ  P  S  Ð  S  E  Z
C  Y  P  O  O  F  Y  R  U  B  B  B  G  A  S  Ð
N  X  H  N  L  O  A  O  I  X  Þ  W  Ö  R  F  Ð
V  M  G  Þ  M  E  M  P  X  Ð  Ð  Q  R  Ý  L  P
P  Q  O  Y  H  I  F  P  P  Ð  G  G  B  S  J  A
I  R  S  N  H  G  Q  N  N  P  I  A  Ð  N  Ó  N
F  H  O  G  J  Ó  N  E  I  Ð  T  I  I  P  T  J
I  T  W  D  S  V  J  N  V  K  S  P  V  Ð  A  Z
Q  L  Þ  E  K  I  D  S  K  E  A  M  Z  W  N  A
R  A  F  E  I  N  D  Í  L  R  T  Z  O  O  D  F
Y  S  T  Z  Þ  F  N  M  Ó  L  I  N  V  S  I  V
K  Z  Z  I  D  E  I  T  R  U  H  O  I  V  X  E
P  A  Q  T  H  R  E  L  Í  F  R  Æ  N  T  Ð  W
W  V  Þ  A  A  Ú  M  H  C  Z  M  Á  L  M  A  Z
Þ  D  Ð  V  Ð  S  A  Q  I  S  Y  P  B  Z  B  Þ
M  F  J  H  B  T  S  Q  S  Þ  Ð  S  C  M  U  V
```

SÚR	SAMEIND
KLÓR	LÍFRÆNT
RAFEIND	VIÐBRÖGÐ
ENSÍM	HITASTIG
GAS	FLJÓTANDI
ÞYNGD	HITA
JÓN	VETNI
HVATI	SALT
KOLEFNI	SÝRA
MÁLMA	SÚREFNI

1 - Metingen

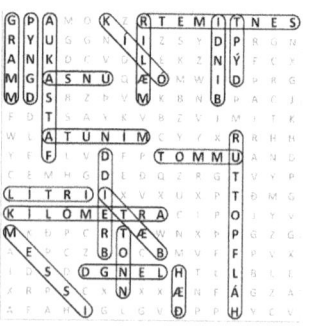

2 - Opwarming van de Aarde

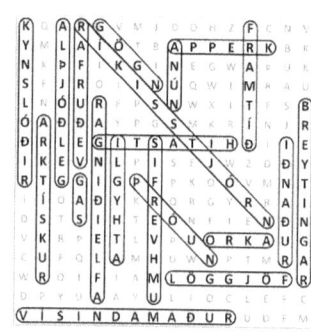

3 - Keuken

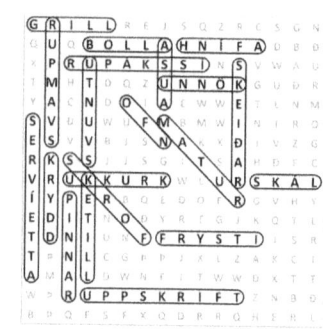

4 - Boten

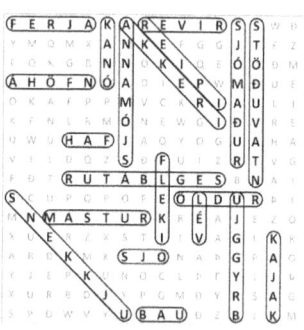

5 - Chocolade

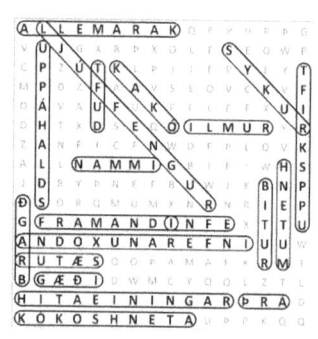

6 - Gezondheid en Welzijn #2

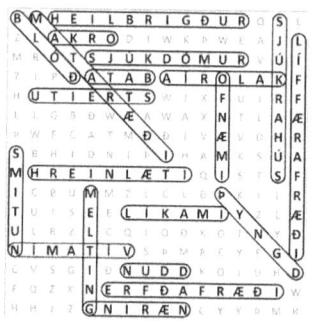

7 - Tijd

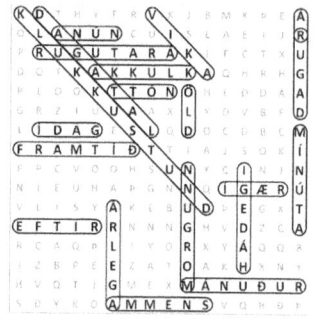

8 - Meditatie

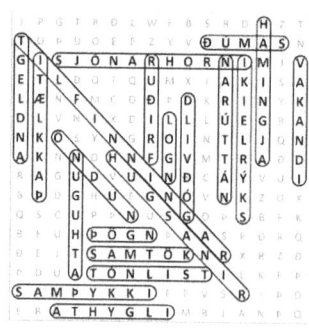

9 - Vogels

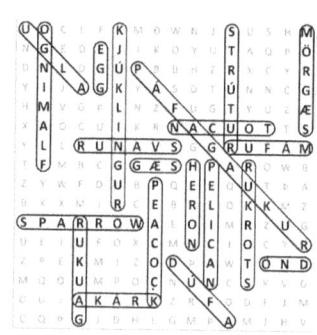

10 - Behoud

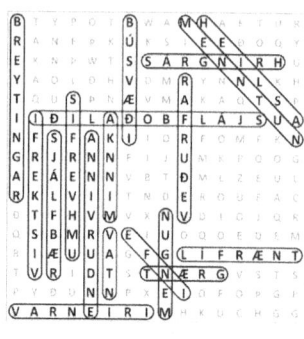

11 - Wiskunde

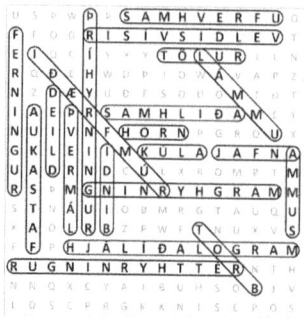

12 - Gezondheid en Welzijn #1

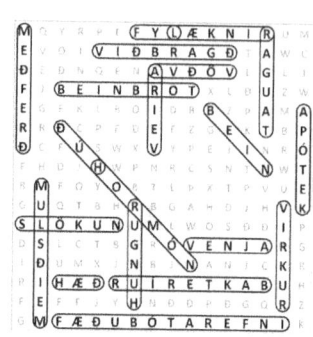

13 - Camping

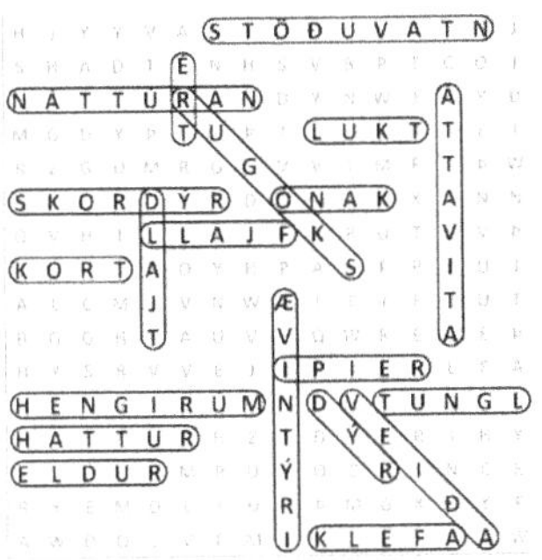

STÖÐUVATN, NÁTTÚRAN, LUKT, SKORDÝR, ÓNAK, KORT, PIER, HENGIRÚM, TUNGL, HATTUR, ELDUR, KLEFAA

14 - Algebra

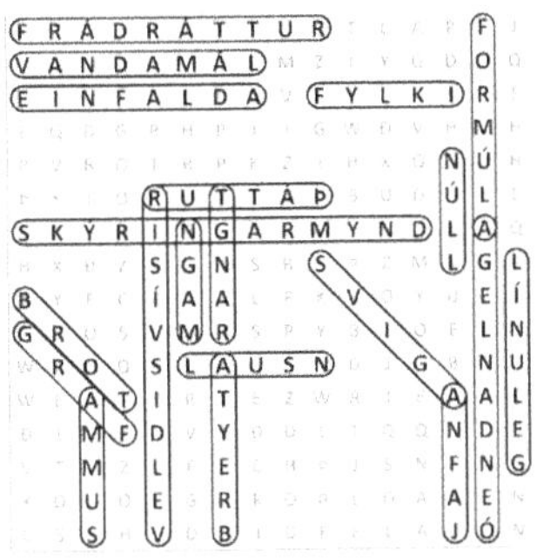

FRÁDRÁTTUR, VANDAMÁL, EINFALDA, FYLKI, RUTTÁÐ, SKÝRINGARMYND, LAUSN

15 - Activiteiten

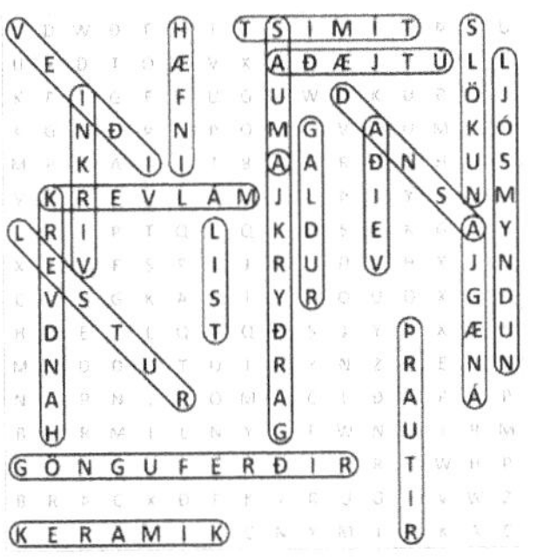

LÍMIT, AÐÆJTÚL, KREVLÁM, LIST, PRAUTIR, GÖNGUFERÐIR, KERAMIK

16 - Vormen

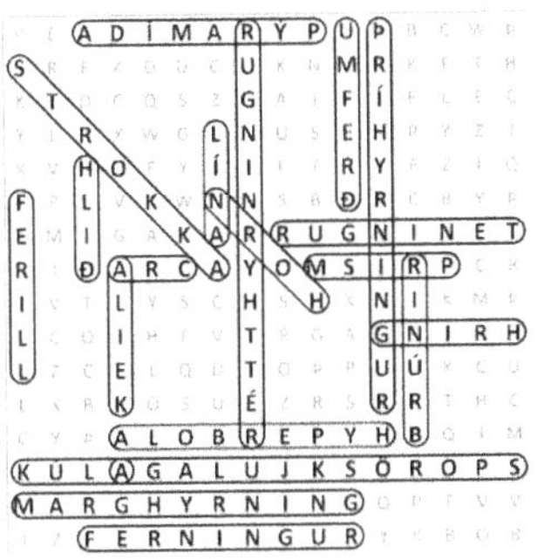

ADÍMARÝPUP, RUGNINET, DARCA, GNIRH, ALOBREPYH, KÚLAGALUJKSÖROPS, MARGHYRNING, FERNINGUR

17 - Diplomatie

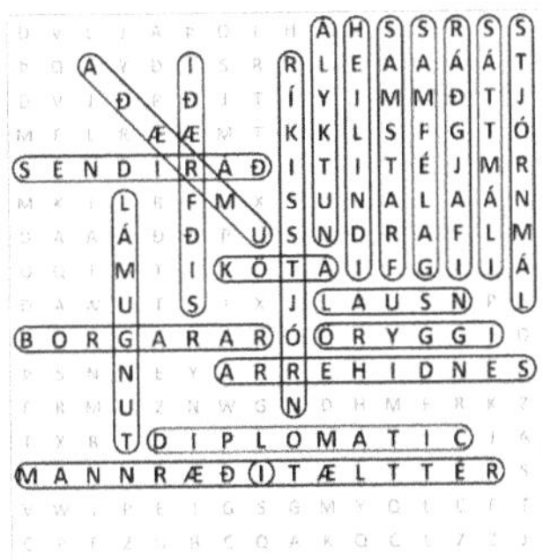

SENDIRÁÐ, KÖTA, LAUSN, BORGARARÓ, ÖRYGGI, ARREHIDNES, DIPLOMATIC, MANNRÆÐITÆLTTÉR

18 - Astronomie

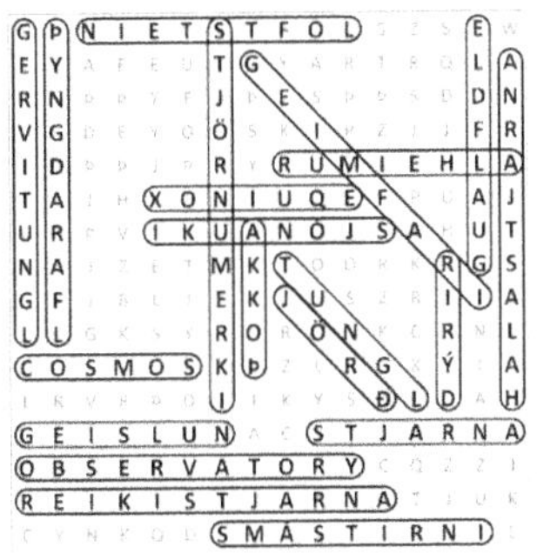

NIETSTFOL, RÚMIEHLA, XONIUQEF, IKUANOJSA, COSMOS, GEISLUN, STJARNA, OBSERVATORY, REIKISTJARNA, SMÁSTIRNI

19 - Emoties

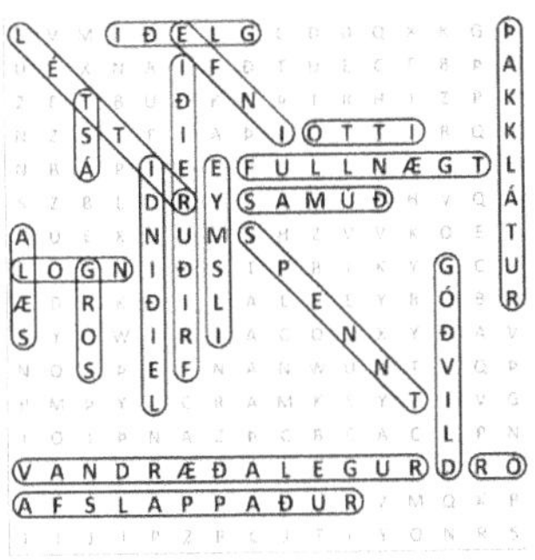

IÐELG, OTTI, FULLNÆGT, SAMÚÐ, LOGN, VANDRÆÐALEGUR, AFSLAPPAÐUR

20 - Vakantie #2

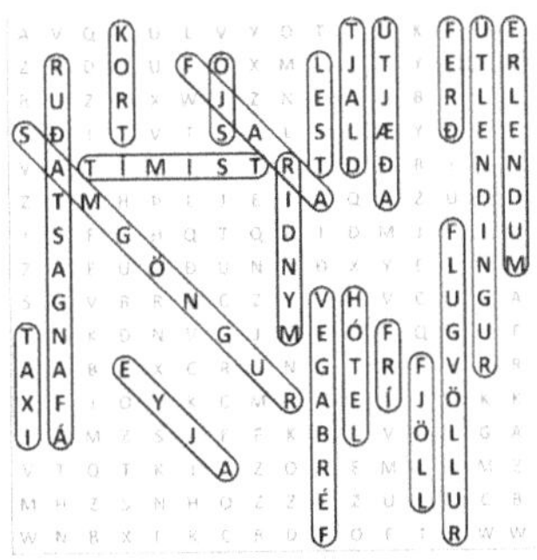

KORT, TÍMIST, GÖN, EYJA

21 - Weersomstandigh

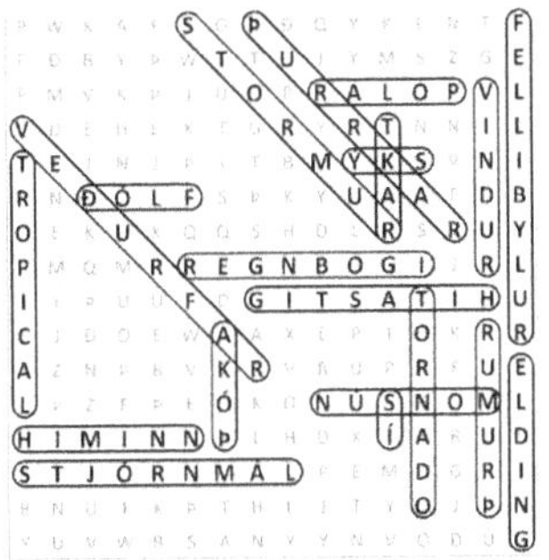

RALOP, MYKS, DOLF, REGNBOGI, GITSATI, NUSNOM, HIMINN, STJÖRNMÁL

22 - Strand

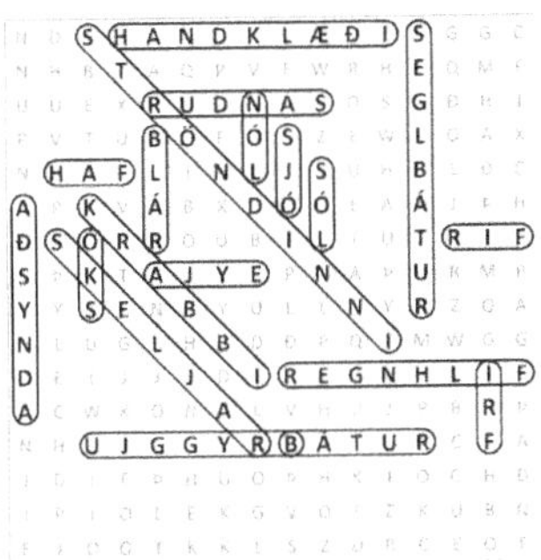

HANDKLÆÐI, RUDNAS, HAF, RIF, REGNHLÍF, UJGGYRBÁTUR

23 - Eten #2

KNIKS, VEGG, ASPAS, OSTUR, VINBER, NIDLAGGE, MÖNLU, RUGNULKUJK

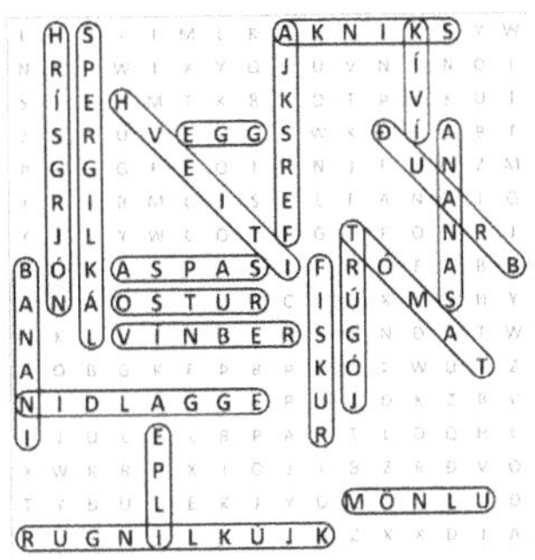

24 - Klimmen

RUGNIÐÆRFRÉS, TROK, LIKAMLEGT, STJÖRNMÁL, RUKRYTS, STIGVÉL, IGALSDNAL, LEIÐSÖGUMENN

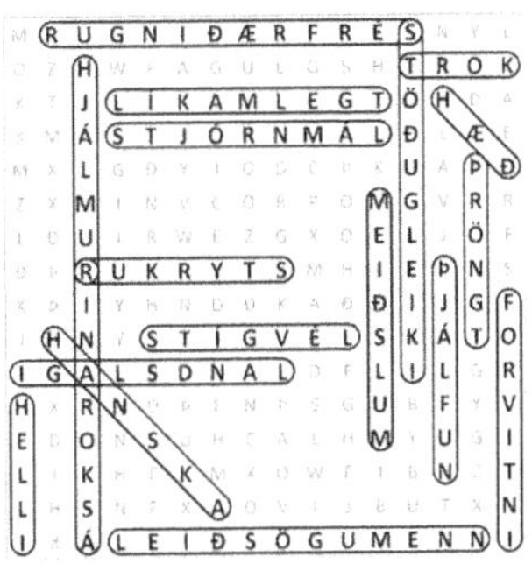

25 - Geologie

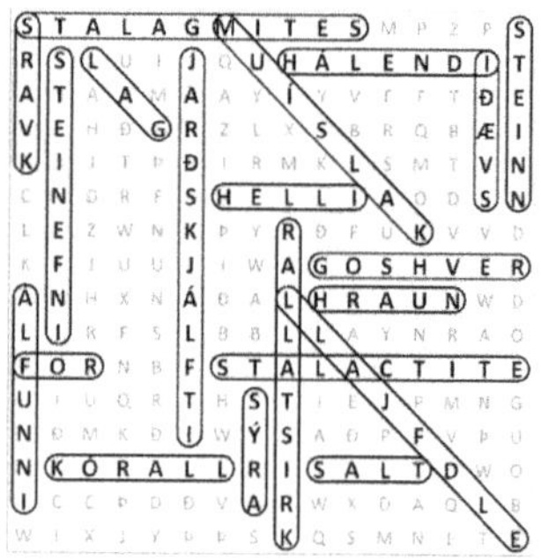

26 - Specerijen

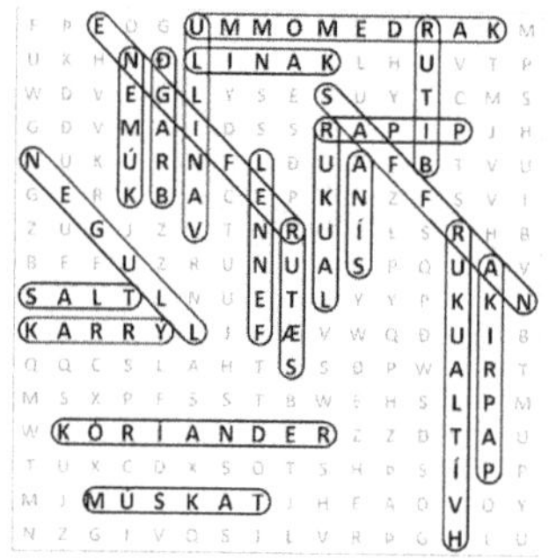

27 - Groenten

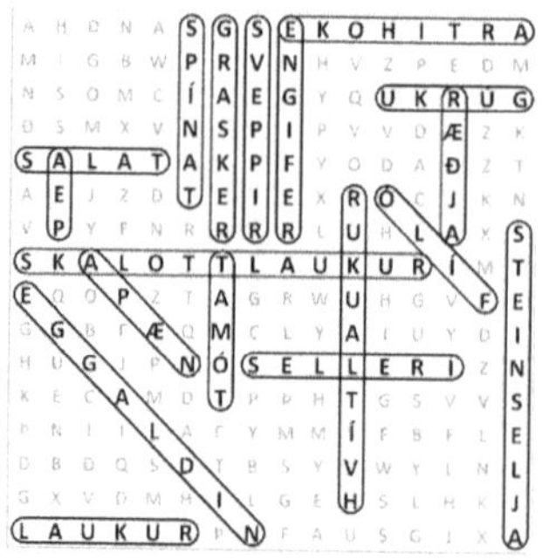

28 - Archeologie

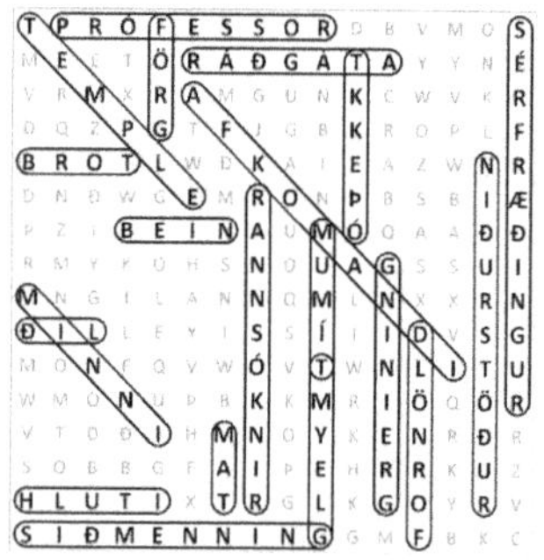

29 - Ziekte

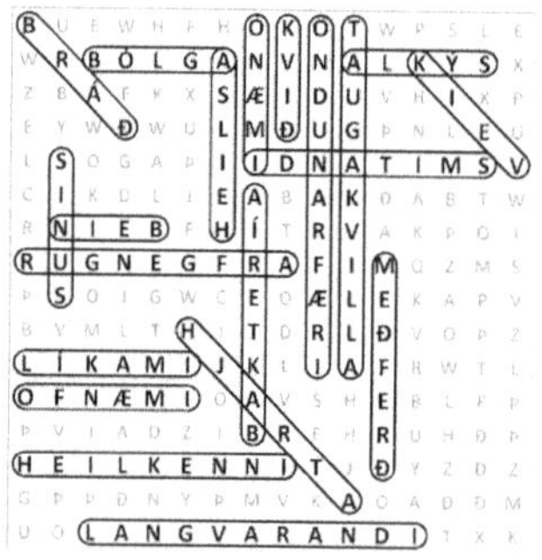

30 - Mythologie

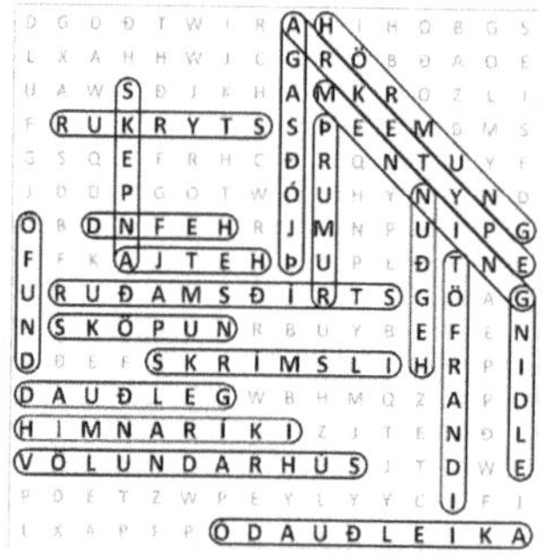

31 - Eten #1

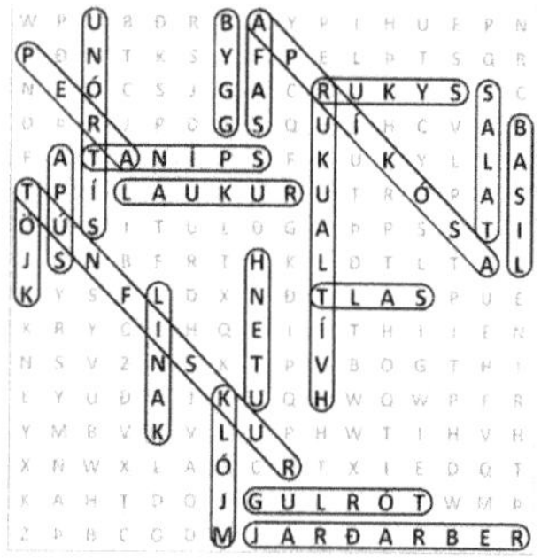

32 - Avontuur

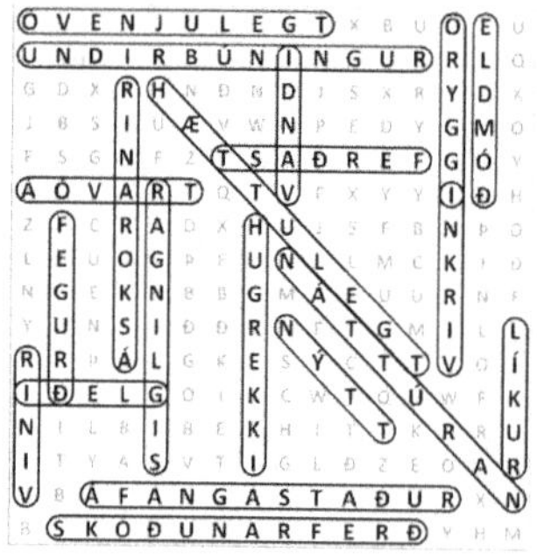

33 - Restaurant #2

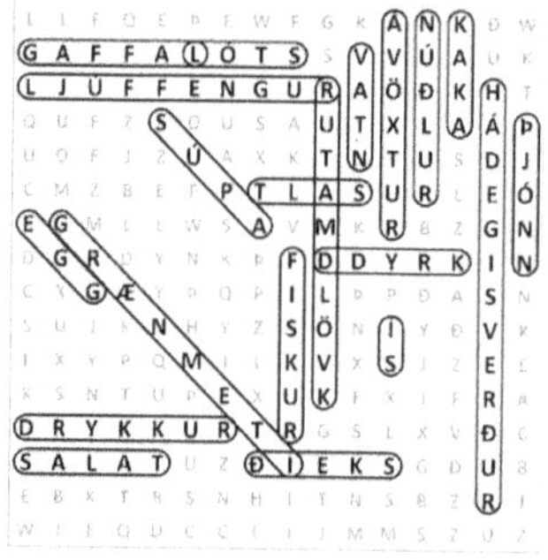

34 - De Media

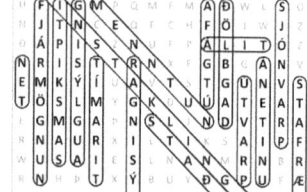

35 - Bijen

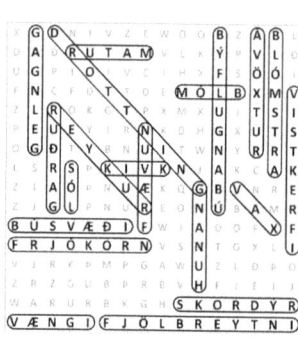

36 - Wandelen

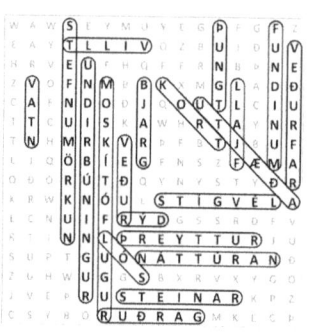

37 - Biologie
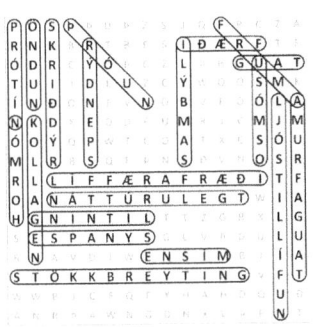

38 - Landen #1
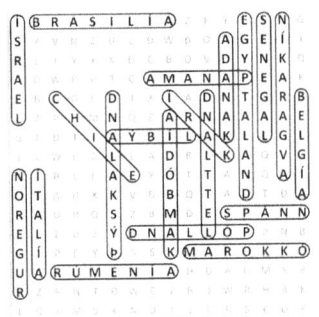

39 - Installaties
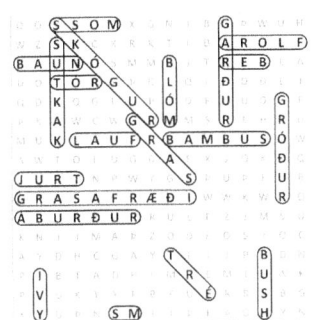

40 - Agronomie
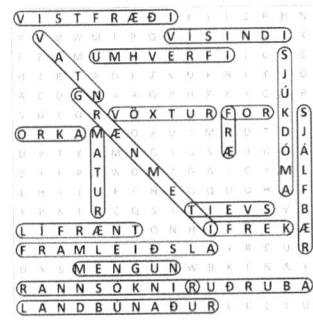

41 - Oceaan
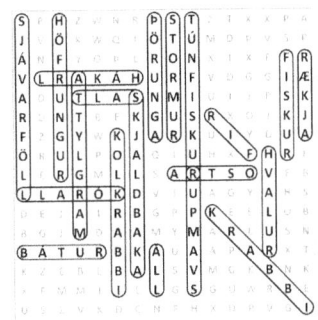

42 - Landen #2
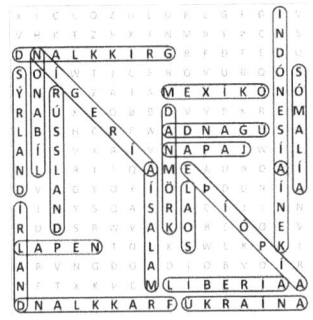

43 - Bloemen
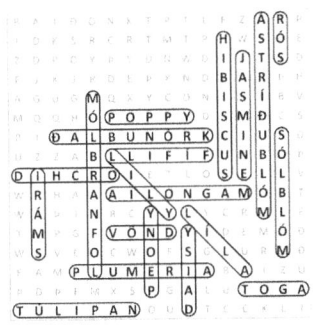

44 - Landschappen
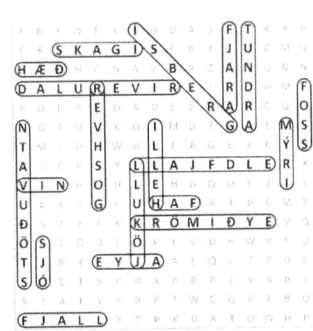

45 - Tuin
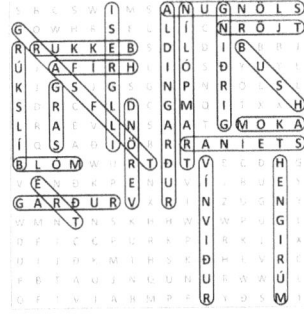

46 - Dagen en Maanden
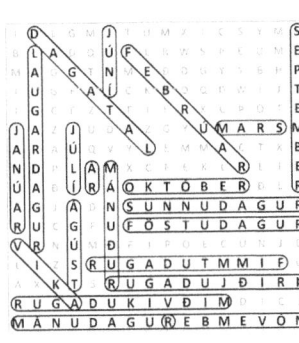

47 - Beeldende Kunsten
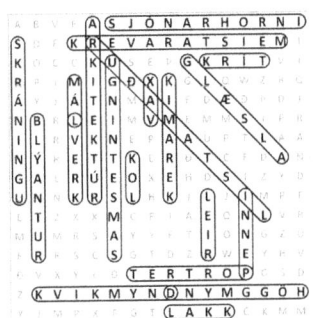

48 - Mode
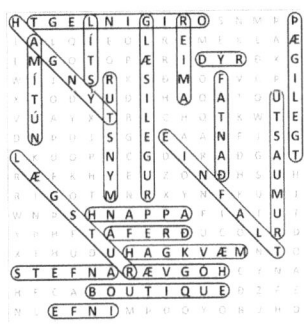

49 - Tuinieren

50 - Menselijk Lichaam

51 - Energie

52 - Gebouwen

53 - Kunst

54 - Beroepen #1

55 - Antarctica

56 - Ballet

57 - Fruit

58 - Engineering

59 - Literatuur

60 - Boeken

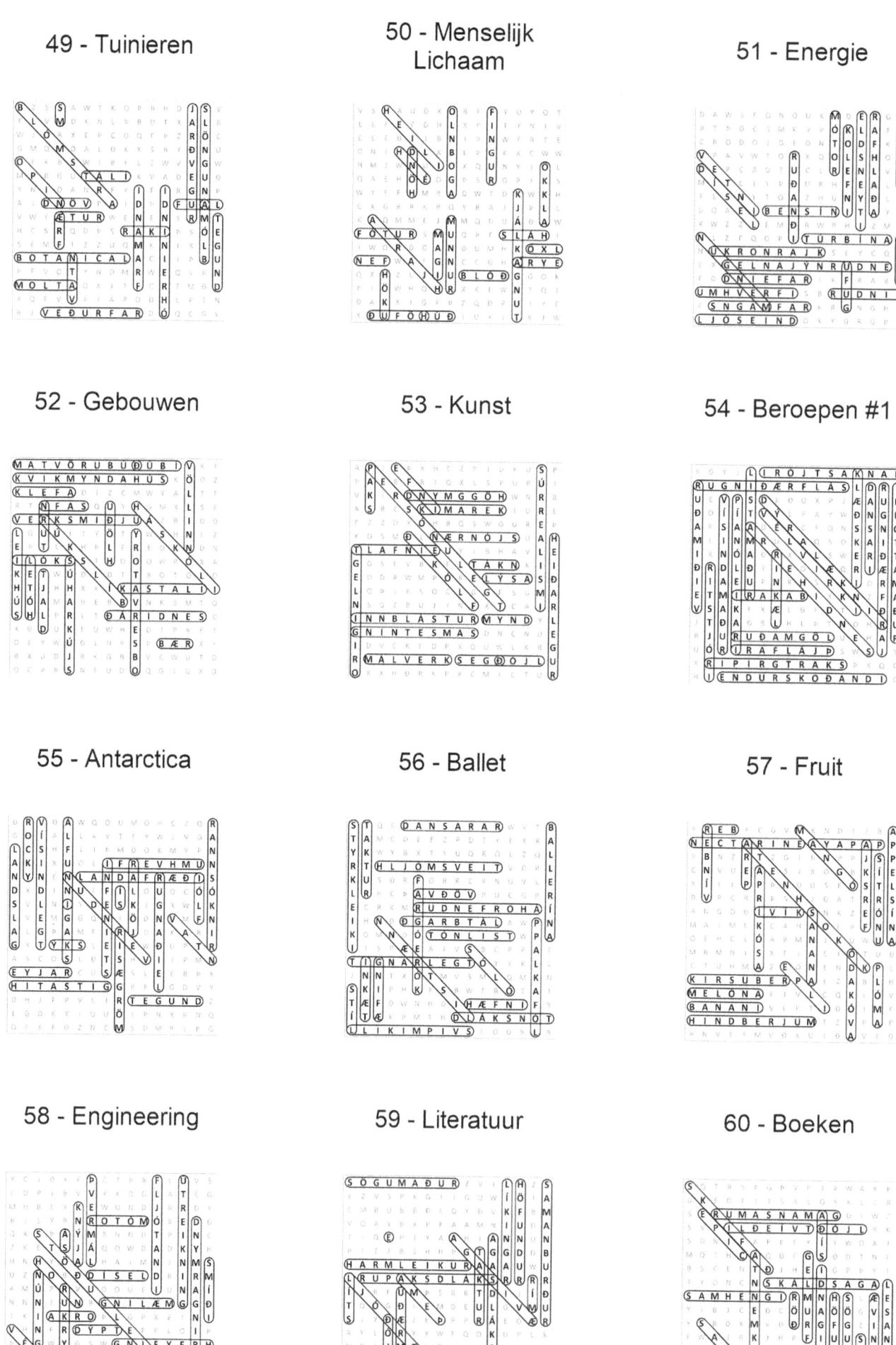

61 - Meer Informatie

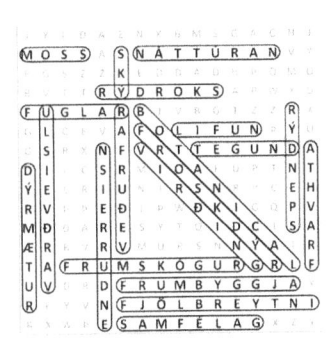

62 - Regenwoud

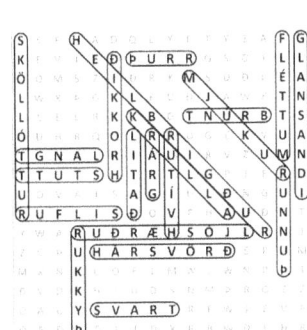

63 - Haartypes

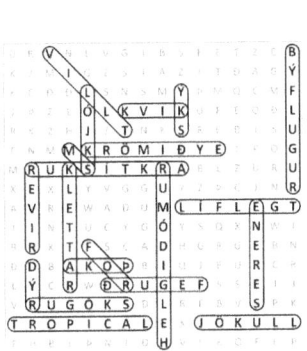

64 - Stad

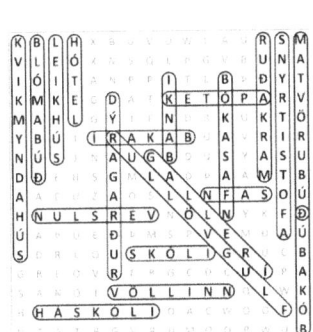

65 - Creativiteit

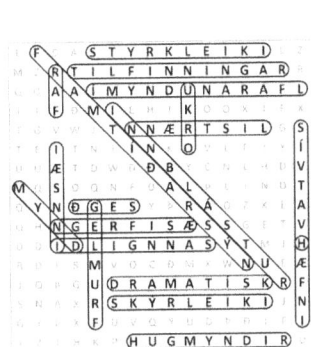

66 - Natuur

67 - Zoogdieren

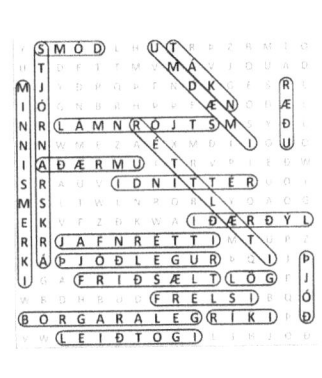

68 - Overheid

69 - Voertuigen

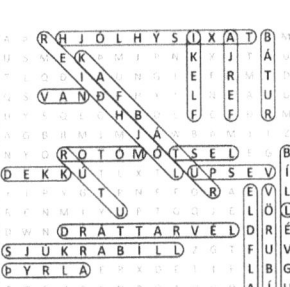

70 - Geografie

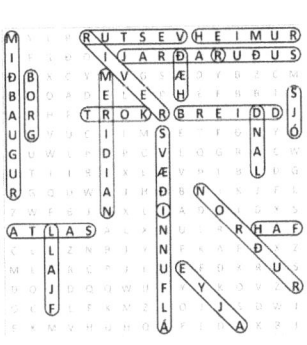

71 - Kunstbenodigdhe

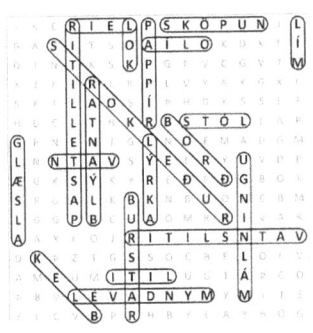

72 - Barbecues

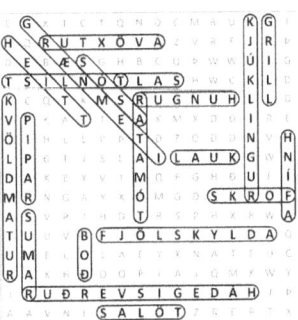

73 - Schoonheid

74 - Wetenschappelijk

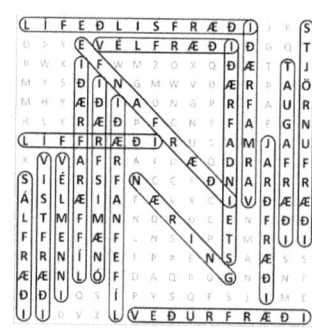

75 - Bijvoeglijke Naamwoorden

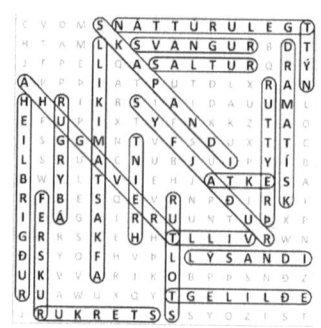

76 - Kleding

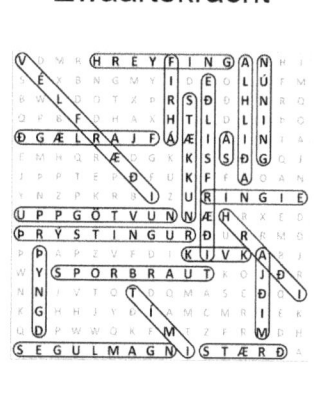

77 - Vliegtuigen

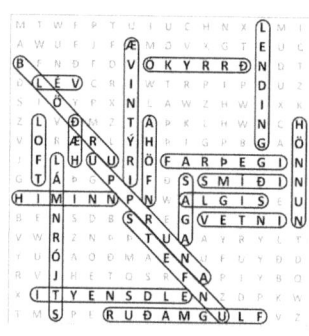

78 - Herbalisme

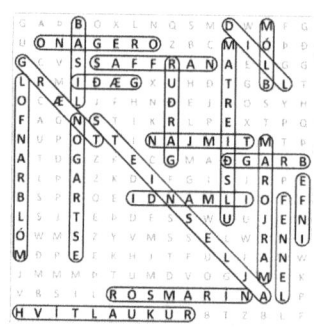

79 - Kracht en Zwaartekracht

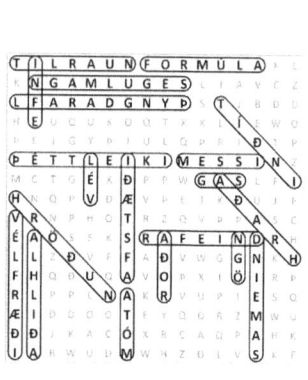

80 - Het Bedrijf

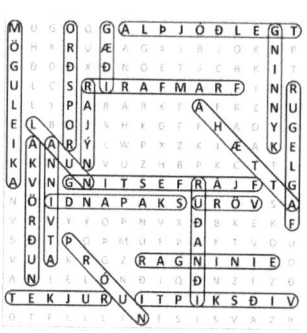

81 - Rijden

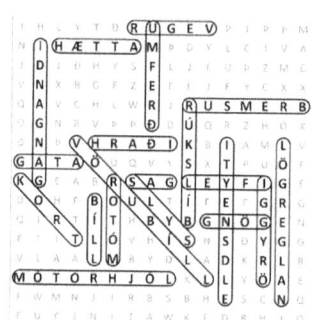

82 - Natuurkunde

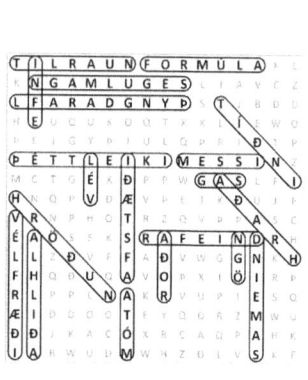

83 - Muziekinstrument

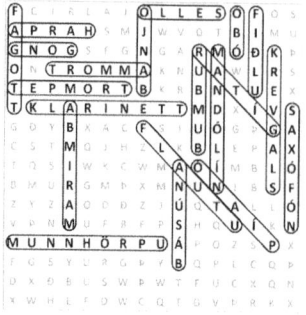

84 - Antiek

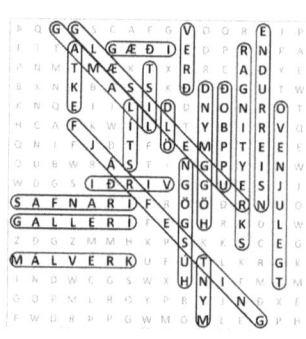

85 - Activiteiten en Vrije Ti

86 - Water

87 - Koffie

88 - Schaken

89 - Boerderij #1

90 - Huis

91 - Geometrie

92 - Jazz

93 - Getallen

94 - Boksen

95 - Boerderij #2

96 - Psychologie

97 - Zakelijk

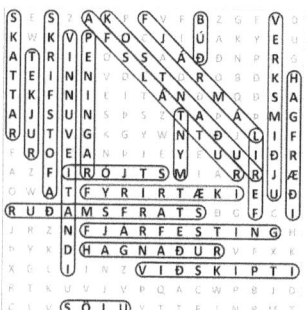

98 - Voeding

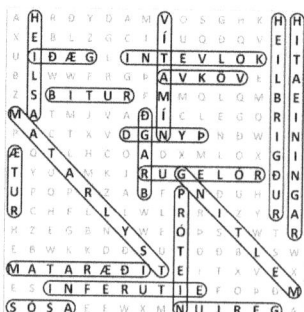

99 - Chemie

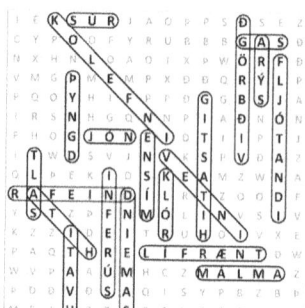

Woordenboek

Activiteiten
Starfsemi

Activiteit	Virkni
Ambachten	Handverk
Dansen	Dansa
Fotografie	Ljósmyndun
Hengelsport	Veiði
Jacht	Veiða
Kamperen	Útjæða
Keramiek	Keramik
Kunst	List
Lezen	Lestur
Magie	Galdur
Naaien	Sauma
Ontspanning	Slökun
Plezier	Ánægja
Puzzels	Þrautir
Schilderij	Málverk
Tuinieren	Garðyrkja
Vaardigheid	Hæfni
Vrije Tijd	Tímist
Wandelen	Gönguferðir

Activiteiten en Vrije Ti
Starfsemi og Tómstundir

Basketbal	Körfubolti
Boksen	Hnefaleikar
Duiken	Köfun
Golf	Golf
Hengelsport	Veiði
Hobby	Áhugamál
Honkbal	Hafnabolti
Kamperen	Útjæða
Kunst	List
Ontspannen	Afslappandi
Racen	Kappakstur
Reis	Ferðast
Schilderij	Málverk
Tennis	Tennis
Tuinieren	Garðyrkja
Voetbal	Fótbolti
Volleybal	Blak
Wandelen	Gönguferðir
Zwemmen	Sund

Agronomie
Jarðfræði

Duurzaam	Sjálfbær
Ecologie	Vistfræði
Energie	Orka
Erosie	Rof
Groei	Vöxtur
Groente	Grænmeti
Landbouw	Landbúnaður
Landelijk	Sveit
Mest	Áburður
Omgeving	Umhverfi
Onderzoek	Rannsóknir
Organisch	Lífrænt
Productie	Framleiðsla
Systemen	Kerfi
Vervuiling	Mengun
Voedsel	Matur
Water	Vatn
Wetenschap	Vísindi
Zaden	Fræ
Ziekten	Sjúkdóma

Algebra
Algebru

Aftrekken	Frádráttur
Diagram	Skýringarmynd
Exponent	Veldisvísir
Factor	Þáttur
Formule	Formúla
Fractie	Brot
Grafiek	Graf
Haakje	Sviga
Hoeveelheid	Magn
Lineair	Línuleg
Matrix	Fylki
Nul	Núll
Oneindig	Óendanlega
Oplossing	Lausn
Probleem	Vandamál
Som	Summa
Vals	Rangt
Variabele	Breyta
Vereenvoudigen	Einfalda
Vergelijking	Jafna

Antarctica
Suðurskautslandið

Baai	Flói
Behoud	Verndun
Continent	Álfunni
Eilanden	Eyjar
Expeditie	Leiðangur
Geografie	Landafræði
Gletsjers	Jöklar
Ijs	Ís
Mineralen	Steinefni
Omgeving	Umhverfi
Onderzoeker	Rannsóknir
Pinguïn	Mörgæsir
Rotsachtig	Rocky
Schiereiland	Skagi
Soort	Tegund
Temperatuur	Hitastig
Topografie	Landslag
Water	Vatn
Wetenschappelijk	Vísindlegt
Wolken	Ský

Antiek
Fornminjar

Authentiek	Ekta
Beeldhouwwerk	Höggmynd
Decoratief	Skreytingar
Eeuw	Öld
Elegant	Glæsilegur
Galerij	Gallerí
Investering	Fjárfesting
Kunst	List
Kwaliteit	Gæði
Meubilair	Húsgögn
Munten	Mynt
Ongewoon	Óvenjulegt
Oud	Gamall
Prijs	Verð
Restauratie	Endurreisn
Schilderijen	Málverk
Stijl	Stíl
Veiling	Uppboð
Verzamelaar	Safnari
Waarde	Virði

Archeologie
Fornleifafræði

Analyse	Greining
Beschaving	Siðmenning
Bevindingen	Niðurstöður
Botten	Bein
Deskundige	Sérfræðingur
Evaluatie	Mat
Fragmenten	Brot
Graf	Gröf
Mysterie	Ráðgáta
Nakomeling	Afkomandi
Objecten	Hluti
Onbekend	Óþekkt
Onderzoeker	Rannsóknir
Oudheid	Fornöld
Professor	Prófessor
Relikwie	Minni
Team	Lið
Tempel	Temple
Tijdperk	Tímum
Vergeten	Gleymt

Astronomie
Stjörnufræði

Aarde	Jörð
Asteroïde	Smástirni
Astronaut	Geimfari
Dierenriem	Dýrir
Equinox	Equinox
Komeet	Halastjarna
Kosmos	Cosmos
Maan	Tungl
Meteoor	Loftstein
Nevel	Þokka
Observatorium	Observatory
Planeet	Reikistjarna
Raket	Eldflaug
Satelliet	Gervitungl
Ster	Stjarna
Sterrenbeeld	Stjörnumerki
Straling	Geislun
Telescoop	Sjónauki
Universum	Alheimur
Zwaartekracht	Þyngdarafl

Avontuur
Ævintýri

Activiteit	Virkni
Bestemming	Áfangastaður
Enthousiasme	Eldmóð
Excursie	Skoðunarferð
Gevaarlijk	Hættulegt
Kans	Líkur
Moed	Hugrekki
Moeilijkheid	Vandi
Natuur	Náttúran
Navigatie	Siglingar
Nieuw	Nýtt
Ongewoon	Óvenjulegt
Reizen	Ferðast
Schoonheid	Fegurð
Uitdagingen	Áskoranir
Veiligheid	Öryggi
Verrassend	Á Óvart
Voorbereiding	Undirbúningur
Vreugde	Gleði
Vrienden	Vinir

Ballet
Ballett

Applaus	Lófaklapp
Artistiek	Listrænn
Ballerina	Ballerína
Choreografie	Kóreógraf
Componist	Tónskáld
Dansers	Dansarar
Expressief	Svipmikill
Gebaar	Látbragð
Intensiteit	Styrkleiki
Muziek	Tónlist
Orkest	Hljómsveit
Publiek	Áhorfendur
Repetitie	Æfing
Ritme	Taktur
Sierlijk	Tignarlegt
Solo	Sóló
Spieren	Vöðva
Stijl	Stíl
Techniek	Tækni
Vaardigheid	Hæfni

Barbecues
Grillveislur

Diner	Kvöldmatur
Familie	Fjölskylda
Fruit	Ávöxtur
Grill	Grill
Groente	Grænmeti
Heet	Heitt
Honger	Hungur
Kip	Kjúklingur
Lunch	Hádegisverður
Messen	Hnífa
Muziek	Tónlist
Peper	Pipar
Salades	Salöt
Saus	Sósa
Tomaten	Tómatar
Uien	Lauk
Uitnodiging	Boð
Vorken	Forks
Zomer	Sumar
Zout	Salt

Beeldende Kunsten
Myndlist

Architectuur	Arkitektúr
Artiest	Listamaður
Beeldhouwwerk	Höggmynd
Creativiteit	Skráningu
Ezel	Glæsla
Film	Kvikmynd
Houtskool	Kol
Keramiek	Keramik
Klei	Leir
Krijt	Krít
Meesterwerk	Meistaraverk
Pen	Penni
Perspectief	Sjónarhorni
Portret	Portret
Potlood	Blýantur
Samenstelling	Samsetningu
Schilderij	Málverk
Stencil	L
Vernis	Lakk
Was	Vax

Behoud
Náttúruvernd

Chemicaliën	Efni
Duurzaam	Sjálfbær
Ecosysteem	Vistkerfi
Fiets	Hringrás
Gezondheid	Heilsa
Groen	Grænt
Habitat	Búsvæði
Klimaat	Veðurfar
Milieu	Umhverfis
Natuurlijk	Náttúrulegt
Onderwijs	Menntun
Organisch	Lífrænt
Pesticide	Varneiri
Recycleren	Endurvinna
Veranderingen	Breytingar
Verminderen	Minnka
Vervuiling	Mengun
Vrijwilliger	Sjálfboðaliði
Water	Vatn

Beroepen #1
Störfum #1

Accountant	Endurskoðandi
Advocaat	Lögmaður
Ambassadeur	Sendiherra
Artiest	Listamaður
Atleet	Íþróttamaður
Bakker	Bakari
Bankier	Bankastjóri
Danser	Dansari
Dierenarts	Dýralæknir
Dokter	Læknir
Editor	Ritstjóri
Geoloog	Jarðfræðingur
Jager	Veiðimaður
Juwelier	Skartgripir
Kleermaker	Klæðskeri
Monteur	Vélvirki
Pianist	Píanóleikari
Psycholoog	Sálfræðingur
Trainer	Þjálfari
Wetenschapper	Vísindamaður

Bijen
Býflugur

Bestuiver	Frævun
Bijenkorf	Býflugnabú
Bloemen	Blóm
Bloesem	Blómstra
Diversiteit	Fjölbreytni
Ecosysteem	Vistkerfi
Fruit	Ávöxtur
Habitat	Búsvæði
Honing	Hunang
Insect	Skordýr
Koningin	Drottning
Rook	Reykur
Stuifmeel	Frjókorn
Tuin	Garður
Vleugels	Vængi
Voedsel	Matur
Voordelig	Gagnleg
Was	Vax
Zon	Sól
Zwerm	Kvik

Bijvoeglijke Naamwoorden
Lýsingarorð #1

Aantrekkelijk	Aðlaðandi
Actief	Virkur
Ambitieus	Metnaðarlegt
Aromatisch	Ilmandi
Artistiek	Listrænn
Belangrijk	Mikilvægt
Diep	Dýpt
Donker	Myrkur
Dun	Þunnur
Eerlijk	Heiðarlegur
Exotisch	Framandi
Identiek	Sömu
Jong	Ungur
Lang	Langt
Langzaam	Hægt
Modern	Nútíma
Onschuldig	Saklaus
Perfect	Fullkominn
Waardevol	Dýrmætur
Zwaar	Þungt

Bijvoeglijke Naamwoorden
Lýsingarorð #2

Authentiek	Ekta
Beschrijvend	Lýsandi
Creatief	Skapandi
Dramatisch	Dramatísk
Gezond	Heilbrigður
Hongerig	Svangur
Interessant	Áhugavert
Moe	Þreyttur
Natuurlijk	Náttúrulegt
Nieuw	Nýtt
Normaal	Eðlilegt
Productief	Afkastamikill
Slaperig	Syfjaður
Sterk	Sterkur
Trots	Stoltur
Verantwoordelijk	Ábyrgur
Vers	Ferskur
Wild	Villt
Zout	Saltur
Zuiver	Hreint

Biologie
Líffræði

Ademhaling	Öndun
Anatomie	Líffærafræði
Cel	Fruma
Chromosoom	Litning
Collageen	Kollagen
Eiwit	Prótín
Embryo	Fræði
Enzym	Ensím
Evolutie	Þróun
Fotosynthese	Ljóstillífun
Hormoon	Hormón
Mutatie	Stökkbreyting
Natuurlijk	Náttúrulegt
Neuron	Taugafruma
Osmose	Osmósu
Reptiel	Skriðdýr
Symbiose	Sambýli
Synaps	Synapse
Zenuw	Taug
Zoogdier	Spendýr

Bloemen
Blóm

Bloemblad	Krónublað
Boeket	Vönd
Gardenia	Toga
Hibiscus	Hibiscus
Jasmijn	Jasmine
Klaver	Smári
Lavendel	Lofnarblóm
Lelie	Lily
Lila	Líla
Madeliefje	Daisy
Magnolia	Magnolia
Orchidee	Orchid
Paardebloem	Fífill
Papaver	Poppy
Passiebloem	Ástríðublóm
Pioenroos	Peony
Plumeria	Plumeria
Roos	Rós
Tulp	Túlipan
Zonnebloem	Sólblóm

Boeken
Bækur

Auteur	Höfundur
Avontuur	Ævintýri
Bladzijde	Síða
Collectie	Safn
Context	Samhengi
Dualiteit	Tvíeðli
Episch	Epic
Gedicht	Ljóð
Geschreven	Skrifað
Historisch	Sögulegt
Humoristisch	Gamansamur
Inventief	Frumleg
Lezer	Lesandi
Literair	Bókmennta
Relevant	Viðeigandi
Roman	Skáldsaga
Serie	Röð
Tragisch	Hörmulega
Verhaal	Saga
Verteller	Sögumaður

Boerderij #1
Bær #1

Bij	Bí
Ezel	Asni
Geit	Geit
Hek	Girðing
Hond	Hundur
Honing	Hunang
Hooi	Hey
Kalf	Kálfur
Kat	Köttur
Kip	Kjúklingur
Koe	Kýr
Kraai	Kráka
Kudde	Flokkur
Landbouw	Landbúnaður
Mest	Áburður
Paard	Hestur
Rijst	Hrísgrjón
Veld	Engi
Water	Vatn
Zaden	Fræ

Boerderij #2
Bær #2

Bijenkorf	Býflugnabú
Boer	Bóndi
Boomgaard	Aldingarður
Dieren	Dýr
Eend	Önd
Fruit	Ávöxtur
Gerst	Bygg
Groente	Grænmeti
Herder	Hirðir
Irrigatie	Áveitu
Lam	Lamb
Lama	Lamadýr
Maïs	Korn
Melk	Mjólk
Schaap	Kind
Schuur	Hlöðu
Tarwe	Hveiti
Tractor	Dráttarvél
Weide	Engi
Windmolen	Vindmylla

Boksen
Hnefaleikar

Elleboog	Olnboga
Focus	Fókus
Handschoenen	Hanska
Herstel	Bata
Hoek	Horn
Kin	Höku
Klok	Bjalla
Kracht	Styrkur
Lichaam	Líkami
Punten	Stig
Scheidsrechter	Dómari
Schoppen	Sparka
Snel	Fljótur
Tegenstander	Mótmælandi
Touwen	Reipi
Uitgeput	Búinn
Vaardigheid	Hæfni
Vechter	Bardagamaður
Verwondingen	Áverkar
Vuist	Hnefi

Boten
Bátar

Anker	Akkeri
Bemanning	Áhöfn
Boei	Bau
Dok	Bryggju
Golven	Öldur
Jacht	Snekkju
Kajak	Kajak
Kano	Kanó
Mast	Mastur
Matroos	Sjómaður
Meer	Stöðuvatn
Motor	Vél
Nautisch	Sjómanna
Oceaan	Haf
Rivier	River
Touw	Reipi
Veerboot	Ferja
Vlot	Fleki
Zee	Sjó
Zeilboot	Seglbátur

Camping
Tjaldstæði

Avontuur	Ævintýri
Berg	Fjall
Bomen	Tré
Bos	Skógur
Brand	Eldur
Cabine	Klefa
Dieren	Dýr
Hangmat	Hengirúm
Hoed	Hattur
Insect	Skordýr
Jacht	Veiða
Kaart	Kort
Kano	Kanó
Kompas	Áttavita
Lantaarn	Lukt
Maan	Tungl
Meer	Stöðuvatn
Natuur	Náttúran
Tent	Tjald
Touw	Reipi

Chemie
Efnafræði

Alkalisch	Súr
Chloor	Klór
Elektron	Rafeind
Enzym	Ensím
Gas	Gas
Gewicht	Þyngd
Ion	Jón
Katalysator	Hvati
Koolstof	Kolefni
Metalen	Málma
Molecuul	Sameind
Organisch	Lífrænt
Reactie	Viðbrögð
Temperatuur	Hitastig
Vloeistof	Fljótandi
Warmte	Hita
Waterstof	Vetni
Zout	Salt
Zuur	Sýra
Zuurstof	Súrefni

Chocolade
Súkkulaði

Antioxidant	Andoxunarefni
Aroma	Ilmur
Bitter	Bitur
Cacao	Kakó
Calorieën	Hitaeiningar
Exotisch	Framandi
Favoriet	Uppáhalds
Heerlijk	Ljúffengur
Ingrediënt	Efni
Karamel	Karamella
Kokosnoot	Kókoshneta
Kwaliteit	Gæði
Pinda'S	Hnetum
Poeder	Duft
Recept	Uppskrift
Smaak	Bragð
Snoep	Nammi
Suiker	Sykur
Verlangen	Þrá
Zoet	Sætur

Creativiteit
Sköpunargáfu

Artistiek	Listrænn
Beeld	Mynd
Dramatisch	Dramatísk
Echtheid	Sanngildi
Emoties	Tilfinningar
Gevoel	Æsifregn
Helderheid	Skýrleiki
Ideeën	Hugmyndir
Indruk	Far
Inspiratie	Innblástur
Intensiteit	Styrkleiki
Intuïtie	Innsæi
Inventief	Frumleg
Spontaan	Hvatvís
Uitdrukking	Segð
Vaardigheid	Hæfni
Verbeelding	Ímyndunarafl
Visioenen	Framtíðarsýn
Vitaliteit	Orku

Dagen en Maanden
Dagar og Mánuðir

Augustus	Ágúst
Dinsdag	Þriðjudagur
Donderdag	Fimmtudagur
Februari	Febrúar
Jaar	Ár
Januari	Janúar
Juli	Júlí
Juni	Júní
Kalender	Dagatal
Maand	Mánuður
Maandag	Mánudagur
Maart	Mars
November	Nóvember
Oktober	Október
September	September
Vrijdag	Föstudagur
Week	Vika
Woensdag	Miðvikudagur
Zaterdag	Laugardagur
Zondag	Sunnudagur

De Media
Fjölmiðlarnir

Advertenties	Auglýsingar
Commercieel	Auglýsing
Communicatie	Samskipti
Digitaal	Stafræn
Editie	Útgáfa
Feiten	Staðreyndir
Financiering	Fjármögnun
Individueel	Einstaklingur
Industrie	Iðnaður
Intellectueel	Vitsmunalegum
Kranten	Dagblöð
Lokaal	Staðbær
Mening	Álit
Netwerk	Net
Onderwijs	Menntun
Online	Á Netinu
Publiek	Opinber
Radio	Útvarp
Televisie	Sjónvarp
Tijdschriften	Tímarit

Diplomatie
Samningaviðræðum

Adviseur	Ráðgjafi
Ambassade	Sendiráð
Ambassadeur	Sendiherra
Burgers	Borgarar
Conflict	Átök
Diplomatiek	Diplomatic
Discussie	Umræða
Ethiek	Siðfræði
Gemeenschap	Samfélag
Gerechtigheid	Réttlæti
Humanitair	Mannræði
Integriteit	Heilindi
Oplossing	Lausn
Politiek	Stjórnmál
Regering	Ríkisstjórn
Resolutie	Ályktun
Samenwerking	Samstarf
Talen	Tungumál
Veiligheid	Öryggi
Verdrag	Sáttmáli

Emoties
Tilfinningar

Angst	Ótti
Beschaamd	Vandræðalegur
Dankbaar	Þakklátur
Droefheid	Sorg
Gelukzaligheid	Sæla
Inhoud	Efni
Kalm	Logn
Liefde	Ást
Ontspannen	Afslappaður
Opgewonden	Spennt
Opluchting	Léttir
Rust	Ró
Sympathie	Samúð
Tederheid	Eymsli
Tevreden	Fullnægt
Verveling	Leiðindi
Vrede	Friður
Vreugde	Gleði
Vriendelijkheid	Góðvild
Woede	Reiði

Energie
Orka

Accu	Rafhlaða
Benzine	Bensín
Brandstof	Eldsneyti
Diesel	Dísel
Elektrisch	Rafmagns
Elektron	Rafeind
Entropie	Óreiða
Foton	Ljóseind
Hernieuwbaar	Endurnýjanleg
Industrie	Iðnaður
Koolstof	Kolefni
Motor	Mótor
Nucleair	Kjarnorku
Omgeving	Umhverfi
Stoom	Gufu
Turbine	Túrbína
Vervuiling	Mengun
Warmte	Hita
Waterstof	Vetni
Wind	Vindur

Engineering
Verkfræði

As	Ás
Berekening	Útreikning
Beweging	Hreyfing
Bouw	Smíði
Diagram	Skýringarmynd
Diameter	Þvermál
Diepte	Dýpt
Diesel	Dísel
Energie	Orka
Hoek	Horn
Kracht	Styrkur
Machine	Vél
Meting	Mæling
Motor	Mótor
Rotatie	Snúningur
Stabiliteit	Stöðugleiki
Structuur	Bygging
Vloeistof	Fljótandi
Voortstuwing	Knýja
Wrijving	Núning

Eten #1
Matur #1

Aardbei	Jarðarber
Abrikoos	Apríkósa
Basilicum	Basil
Citroen	Sítrónu
Gerst	Bygg
Kaneel	Kanil
Knoflook	Hvítlaukur
Melk	Mjólk
Peer	Pera
Pinda	Hnetu
Salade	Salat
Sap	Safa
Soep	Súpa
Spinazie	Spínat
Suiker	Sykur
Tonijn	Túnfiskur
Ui	Laukur
Vlees	Kjöt
Wortel	Gulrót
Zout	Salt

Eten #2
Matur #2

Amandel	Mönlu
Ananas	Ananas
Appel	Epli
Asperge	Aspas
Aubergine	Eggaldin
Banaan	Banani
Broccoli	Spergilkál
Brood	Brauð
Druif	Vínber
Ei	Egg
Ham	Skinka
Kaas	Ostur
Kip	Kjúklingur
Kiwi	Kíví
Perzik	Ferskja
Rijst	Hrísgrjón
Tarwe	Hveiti
Tomaat	Tómat
Vis	Fiskur
Yoghurt	Jógúrt

Fruit
Ávextir

Abrikoos	Apríkósa
Ananas	Ananas
Appel	Epli
Avocado	Avókadó
Banaan	Banani
Bes	Ber
Citroen	Sítrónu
Druif	Vínber
Framboos	Hindberjum
Kers	Kirsuber
Kiwi	Kíví
Kokosnoot	Kókoshneta
Mango	Mangó
Meloen	Melóna
Nectarine	Nectarine
Oranje	Appelsína
Papaja	Papaya
Peer	Pera
Perzik	Ferskja
Pruim	Plóma

Gebouwen
Byggingar

Ambassade	Sendiráð
Appartement	Íbúð
Bioscoop	Kvikmyndahús
Boerderij	Bær
Cabine	Klefa
Fabriek	Verksmiðju
Garage	Bílskúr
Hotel	Hótel
Kasteel	Kastali
Museum	Safn
Observatorium	Observatory
School	Skóli
Schuur	Hlöðu
Stadion	Völlinn
Supermarkt	Matvörubúð
Tent	Tjald
Theater	Leikhús
Toren	Turn
Universiteit	Háskóli
Ziekenhuis	Sjúkrahús

Geografie
Landafræði

Atlas	Atlas
Berg	Fjall
Breedtegraad	Breidd
Continent	Álfunni
Eiland	Eyja
Evenaar	Miðbaugur
Halfrond	Jarðar
Hoogte	Hæð
Kaart	Kort
Land	Land
Meridiaan	Meridian
Noorden	Norður
Oceaan	Haf
Regio	Svæði
Rivier	River
Stad	Borg
Wereld	Heimur
Westen	Vestur
Zee	Sjó
Zuiden	Suður

Geologie
Jarðfræði

Aardbeving	Jarðskjálfti
Calcium	Kalsíum
Continent	Álfunni
Erosie	Rof
Geiser	Goshver
Grot	Helli
Koraal	Kórall
Kristallen	Kristallar
Kwarts	Kvars
Laag	Lag
Lava	Hraun
Mineralen	Steinefni
Plateau	Hálendi
Stalactiet	Stalactite
Stalagmieten	Stalagmites
Steen	Steinn
Vulkaan	Eldfjall
Zone	Svæði
Zout	Salt
Zuur	Sýra

Geometrie
Rúmfræði

Berekening	Útreikning
Cirkel	Hring
Curve	Ferill
Diameter	Þvermál
Dimensie	Vídd
Driehoek	Þríhyrningur
Hoek	Horn
Hoogte	Hæð
Horizontaal	Lárétt
Logica	Rökfræði
Massa	Messi
Mediaan	Miðgildi
Oppervlak	Yfirborð
Parallel	Samhliða
Segment	Hluti
Symmetrie	Samhverfu
Theorie	Kenning
Vergelijking	Jafna
Verticaal	Lóðrétt
Vierkant	Ferningur

Getallen
Tölur

Acht	Átta
Achttien	Átján
Dertien	Þrettán
Drie	Þrír
Een	Einn
Negen	Níu
Negentien	Nítján
Nul	Núll
Tien	Tíu
Twaalf	Tólf
Twee	Tveir
Twintig	Tuttugu
Veertien	Fjórtán
Vier	Fjórir
Vijf	Fimm
Vijftien	Fimmtán
Zes	Sex
Zestien	Sextán
Zeven	Sjö
Zeventien	Sautján

Gezondheid en Welzijn #1
Heilsufar og Vellíðan #1

Actief	Virkur
Apotheek	Apótek
Bacteriën	Bakteríur
Behandeling	Meðferð
Botten	Bein
Breuk	Beinbrot
Dokter	Læknir
Gewoonte	Venja
Honger	Hungur
Hoogte	Hæð
Hormonen	Hormón
Huid	Húð
Letsel	Meiðslum
Medicijn	Lyf
Ontspanning	Slökun
Reflex	Viðbragð
Spieren	Vöðva
Supplementen	Fæðubótarefni
Virus	Veira
Zenuwen	Taugar

Gezondheid en Welzijn #2
Heilsufar og Vellíðan #2

Allergie	Ofnæmi
Anatomie	Líffærafræði
Bloed	Blóð
Calorie	Kaloría
Dieet	Mataræði
Energie	Orka
Genetica	Erfðafræði
Gewicht	Þyngd
Gezond	Heilbrigður
Herstel	Bata
Hygiëne	Hreinlæti
Infectie	Smitun
Lichaam	Líkami
Massage	Nudd
Spijsvertering	Melting
Stress	Streitu
Vitamine	Vítamín
Voeding	Næring
Ziekenhuis	Sjúkrahús
Ziekte	Sjúkdómur

Groenten
Grænmeti

Artisjok	Artihoke
Aubergine	Eggaldin
Broccoli	Spergilkál
Erwt	Pea
Gember	Engifer
Knoflook	Hvítlaukur
Komkommer	Gúrku
Olijf	Ólíf
Paddestoel	Sveppir
Peterselie	Steinselja
Pompoen	Grasker
Raap	Næpa
Radijs	Ræðja
Salade	Salat
Selderij	Sellerí
Sjalot	Skalottlaukur
Spinazie	Spínat
Tomaat	Tómat
Ui	Laukur
Wortel	Gulrót

Haartypes
Hárið Tegundir

Blond	Ljóshærður
Bruin	Brúnt
Dik	Þykkur
Droog	Þurr
Dun	Þunnur
Gekleurd	Litað
Gevlochten	Fléttum
Gezond	Heilbrigður
Glimmend	Glansandi
Grijs	Grár
Hoofdhuid	Hársvörð
Kaal	Sköllóttur
Kort	Stutt
Krullen	Krulla
Krullend	Hrokkið
Lang	Langt
Wit	Hvítur
Zacht	Mjúkur
Zilver	Silfur
Zwart	Svart

Herbalisme
Grasalækningar

Aromatisch	Ilmandi
Basilicum	Basil
Bloem	Blóm
Culinair	Matreiðslu
Dille	Dill
Dragon	Estragon
Groen	Grænt
Ingrediënt	Efni
Knoflook	Hvítlaukur
Kwaliteit	Gæði
Lavendel	Lofnarblóm
Marjolein	Marjoram
Oregano	Oregano
Peterselie	Steinselja
Rozemarijn	Rósmarín
Saffraan	Saffran
Smaak	Bragð
Tijm	Timjan
Tuin	Garður
Venkel	Fennel

Het Bedrijf
Fyrirtækið

Beslissing	Ákvörðun
Creatief	Skapandi
Eenheden	Einingar
Globaal	Alþjóðlegt
Industrie	Iðnaður
Inkomsten	Tekjur
Innovatief	Nýjar
Investering	Fjárfesting
Kwaliteit	Gæði
Loon	Laun
Mogelijkheid	Möguleika
Presentatie	Kynning
Product	Vöru
Professioneel	Faglegur
Reputatie	Orðspor
Risico'S	Áhætta
Trends	Þróun
Vooruitgang	Framfarir
Werkgelegenheid	Atvinna
Zaak	Viðskipti

Huis
Húsið

Bezem	Kústur
Bibliotheek	Bókasafn
Dak	Þak
Deur	Hurð
Douche	Sturtu
Garage	Bílskúr
Haard	Arinn
Hek	Girðing
Kamer	Herbergi
Kelder	Kjallari
Keuken	Eldhús
Lamp	Lampi
Meubilair	Húsgögn
Muur	Vegg
Plafond	Loft
Schoorsteen	Strompinn
Slaapkamer	Svefnherbergi
Spiegel	Spegill
Tapijt	Gólfmotta
Tuin	Garður

Installaties
Plöntur

Bamboe	Bambus
Bes	Ber
Blad	Lauf
Bloem	Blóm
Boom	Tré
Boon	Baun
Bos	Skógur
Cactus	Kaktus
Flora	Flora
Gebladerte	Sm
Gras	Gras
Klimop	Ivy
Kruid	Jurt
Mest	Áburður
Mos	Moss
Plantkunde	Grasafræði
Struik	Bush
Tuin	Garður
Vegetatie	Gróður
Wortel	Rót

Jazz
Djass

Album	Plötu
Applaus	Lófaklapp
Artiest	Listamaður
Beroemd	Frægur
Componist	Tónskáld
Concert	Tónleikar
Favorieten	Eftirlæti
Genre	Tegund
Improvisatie	Spuni
Lied	Lag
Muziek	Tónlist
Nadruk	Áhersla
Nieuw	Nýtt
Orkest	Hljómsveit
Oud	Gamall
Ritme	Taktur
Samenstelling	Samsetning
Stijl	Stíl
Talent	Hæfileiki
Techniek	Tækni

Keuken
Eldhús

Cup	Bolla
Eetstokjes	Pinnar
Grill	Grill
Ketel	Ketill
Koelkast	Ísskápur
Kom	Skál
Kruik	Könnu
Lepels	Skeiðar
Messen	Hnífa
Oven	Ofn
Pollepel	Ausa
Pot	Krukku
Recept	Uppskrift
Schort	Svuntu
Servet	Servíetta
Specerijen	Krydd
Spons	Svampur
Voedsel	Matur
Vorken	Forks
Vriezer	Frysti

Kleding
Fötin

Armband	Armband
Blouse	Blússa
Broek	Buxur
Handschoenen	Hanska
Hoed	Hattur
Jas	Kápu
Jasje	Jakki
Jurk	Kjóll
Ketting	Hálsmen
Mode	Tíska
Pyjama	Náttföt
Riem	Belti
Rok	Pils
Sandalen	Skó
Schoen	Skór
Schort	Svuntu
Shirt	Skyrta
Sjaal	Trefil
Sokken	Sokkar
Trui	Peysa

Klimmen
Klifur

Atmosfeer	Stjórnmál
Deskundige	Sérfræðingur
Fysiek	Líkamlegt
Gidsen	Leiðsögumenn
Grot	Helli
Handschoenen	Hanska
Helm	Hjálmur
Hoogte	Hæð
Kaart	Kort
Kracht	Styrkur
Laarzen	Stígvél
Letsel	Meiðslum
Nieuwsgierigheid	Forvitni
Opleiding	Þjálfun
Smal	Þröngt
Stabiliteit	Stöðugleiki
Terrein	Landslagi
Uitdagingen	Áskoranir
Wandelen	Gönguferðir

Koffie
Kaffi

Aroma	Ilmur
Beker	Bolli
Bitter	Bitur
Cafeïne	Koffín
Drank	Drykkur
Filter	Sía
Geroosterd	Brennt
Malen	Mala
Melk	Mjólk
Ochtend	Morgunn
Oorsprong	Uppruna
Prijs	Verð
Room	Rjóma
Smaak	Bragð
Suiker	Sykur
Variëteit	Fjölbreytni
Vloeistof	Fljótandi
Water	Vatn
Zuur	Súr
Zwart	Svart

Kracht en Zwaartekracht
Kraftur og Þyngdarafl

Afstand	Fjarlægð
As	Ás
Baan	Sporbraut
Beweging	Hreyfing
Centrum	Miðja
Druk	Þrýstingur
Dynamisch	Kvik
Eigendommen	Eignir
Gewicht	Þyngd
Impact	Áhrif
Magnetisme	Segulmagn
Mechanica	Vélfræði
Natuurkunde	Eðlisfræði
Omvang	Stærð
Ontdekking	Uppgötvun
Snelheid	Hraði
Tijd	Tími
Uitbreiding	Stækkun
Universeel	Alhliða
Wrijving	Núning

Kunst
List

Beeldhouwwerk	Höggmynd
Complex	Flókið
Eenvoudig	Einfalt
Eerlijk	Heiðarlegur
Figuur	Mynd
Geïnspireerd	Innblástur
Humeur	Skap
Keramisch	Keramik
Onderwerp	Efni
Origineel	Originlegt
Persoonlijk	Persónulegt
Poëzie	Ljóð
Portretteren	Lýsa
Samenstelling	Samsetning
Schilderijen	Málverk
Surrealisme	Súrrealismi
Symbool	Tákn
Uitdrukking	Segð
Visueel	Sjónræn

Kunstbenodigdheden
List Vistir

Acryl	Akrýl
Aquarellen	Vatnslitir
Borstels	Burstar
Camera	Myndavél
Creativiteit	Sköpun
Ezel	Glæsla
Gom	Strokleður
Houtskool	Kol
Inkt	Blek
Klei	Leir
Kleuren	Liti
Lijm	Lím
Olie	Olía
Papier	Pappír
Pastel	Pastellitir
Potloden	Blýantar
Stoel	Stól
Tafel	Borð
Verf	Málningu
Water	Vatn

Landen #1
Löndum #1

België	Belgía
Brazilië	Brasilía
Cambodja	Kambódía
Canada	Kanada
Chili	Chile
Duitsland	Þýskaland
Egypte	Egyptaland
Irak	Írak
Israël	Ísrael
Italië	Ítalía
Letland	Lettland
Libië	Líbýa
Marokko	Marokkó
Nicaragua	Níkaragva
Noorwegen	Noregur
Panama	Panama
Polen	Pólland
Roemenië	Rúmenía
Senegal	Senegal
Spanje	Spánn

Landen #2
Löndum #2

Denemarken	Danmörk
Ethiopië	Eþíópía
Frankrijk	Frakkland
Griekenland	Grikkland
Ierland	Írland
Indonesië	Indónesía
Japan	Japan
Kenia	Kenía
Laos	Laos
Libanon	Líbanon
Liberia	Líbería
Maleisië	Malasía
Mexico	Mexíkó
Nepal	Nepal
Nigeria	Nígería
Oeganda	Úganda
Oekraïne	Úkraína
Rusland	Rússland
Somalië	Sómalía
Syrië	Sýrland

Landschappen
Landslag

Berg	Fjall
Eiland	Eyja
Geiser	Goshver
Gletsjer	Jökull
Grot	Helli
Heuvel	Hæð
Ijsberg	Ísberg
Meer	Stöðuvatn
Moeras	Mýri
Oase	Vin
Oceaan	Haf
Rivier	River
Schiereiland	Skagi
Strand	Fjara
Toendra	Tundra
Vallei	Dalur
Vulkaan	Eldfjall
Waterval	Foss
Woestijn	Eyðimörk
Zee	Sjó

Literatuur
Bókmenntir

Analogie	Líkingar
Analyse	Greining
Anekdote	E.
Auteur	Höfundur
Biografie	Ævisaga
Conclusie	Niðurstaða
Dialoog	Umræðu
Fictie	Skáldskapur
Gedicht	Ljóð
Mening	Álit
Metafoor	Myndlíking
Poëtisch	Ljóðræn
Rijm	Rím
Ritme	Taktur
Roman	Skáldsaga
Stijl	Stíl
Thema	Þema
Tragedie	Harmleikur
Vergelijking	Samanburður
Verteller	Sögumaður

Meditatie
Hugleiðsla

Aandacht	Athygli
Aanvaarding	Samþykki
Ademhaling	Öndun
Beweging	Samtök
Dankbaarheid	Þakklæti
Emoties	Tilfinningar
Gedachten	Hugsanir
Geluk	Hamingja
Helderheid	Skýrleiki
Kalm	Logn
Mededogen	Samúð
Mentaal	Andlegt
Muziek	Tónlist
Natuur	Náttúran
Observatie	Athugun
Perspectief	Sjónarhorni
Stilte	Þögn
Vrede	Friður
Vriendelijkheid	Góðvild
Wakker	Vakandi

Meer Informatie
Vísindaskáldskapur

Bioscoop	Kvikmyndahús
Boeken	Bækur
Brand	Eldur
Denkbeeldig	Ímyndað
Dystopie	Dystópía
Explosie	Sprenging
Extreem	Extreme
Fantastisch	Frábær
Illusie	Blekking
Klonen	Klón
Mysterieus	Dularfullur
Orakel	Véfrétt
Planeet	Reikistjarna
Realistisch	Raunhæft
Robots	Vélmenni
Scenario	Atburðarás
Sterrenstelsel	Galaxy
Technologie	Tækni
Utopie	Útópía
Wereld	Heimur

Menselijk Lichaam
Mannslíkaminn

Been	Fótur
Bloed	Blóð
Elleboog	Olnboga
Enkel	Ökkla
Hand	Hönd
Hart	Hjarta
Hersenen	Heili
Hoofd	Höfuð
Huid	Húð
Kaak	Kjálka
Kin	Höku
Knie	Hné
Maag	Magi
Mond	Munnur
Nek	Háls
Neus	Nef
Oor	Eyra
Schouder	Öxl
Tong	Tunga
Vinger	Fingur

Metingen
Mælingar

Breedte	Breidd
Byte	Bæti
Centimeter	Sentimetr
Decimaal	Aukastaf
Diepte	Dýpt
Gewicht	Þyngd
Gram	Gramm
Hoogte	Hæð
Inch	Tommu
Kilogram	Kíló
Kilometer	Kílómetra
Lengte	Lengd
Liter	Lítri
Massa	Messi
Meter	Mælir
Minuut	Mínúta
Ons	Únsa
Pint	Hálfpottur
Ton	Tonn
Volume	Bindi

Mode
Tíska

Bescheiden	Hógvær
Betaalbaar	Hagkvæm
Borduurwerk	Útsaumur
Comfortabel	Þægilegt
Duur	Dýr
Eenvoudig	Einfalt
Elegant	Glæsilegur
Kant	Reima
Kleding	Fatnað
Knop	Hnappa
Minimalistisch	Lægstur
Modern	Nútíma
Origineel	Originlegt
Patroon	Mynstur
Praktisch	Hagnýt
Stijl	Stíl
Stof	Efni
Textuur	Áferð
Trend	Stefna
Winkel	Boutique

Muziekinstrumenten
Hljóðfæri

Banjo	Banjó
Cello	Selló
Fagot	Fagott
Fluit	Flautu
Gitaar	Gítar
Gong	Gong
Harp	Harpa
Hobo	Óbó
Klarinet	Klarinett
Mandoline	Mandólín
Marimba	Marimba
Mondharmonica	Munnhörpu
Percussie	Slagverk
Piano	Píanó
Saxofoon	Saxófón
Tamboerijn	Bumbur
Trombone	Básúna
Trommel	Tromma
Trompet	Trompet
Viool	Fiðlu

Mythologie
Goðafræði

Archetype	Arketype
Bliksem	Elding
Creatie	Sköpun
Cultuur	Menning
Donder	Þrumur
Doolhof	Völundarhús
Gedrag	Hegðun
Held	Hetja
Hemel	Himnaríki
Jaloezie	Öfund
Kracht	Styrkur
Krijger	Stríðsmaður
Legende	Þjóðsaga
Magisch	Töfrandi
Monster	Skrímsli
Onsterfelijkheid	Ódauðleika
Ramp	Hörmung
Sterfelijk	Dauðleg
Wezen	Skepna
Wraak	Hefnd

Natuur
Náttúran

Arctisch	Arktískur
Bijen	Býflugur
Bos	Skógur
Dieren	Dýr
Dynamisch	Kvik
Erosie	Rof
Gebladerte	Sm
Gletsjer	Jökull
Heiligdom	Helgidómur
Klippen	Klettar
Mist	Þoka
Rivier	River
Schoonheid	Fegurð
Schuilplaats	Skjól
Sereen	Serene
Tropisch	Tropical
Vitaal	Líflegt
Wild	Villt
Woestijn	Eyðimörk
Wolken	Ský

Natuurkunde
Eðlisfræði

Atoom	Atóm
Chaos	Roða
Chemisch	Efni
Deeltje	Ögn
Dichtheid	Þéttleiki
Elektron	Rafeind
Experiment	Tilraun
Formule	Formúla
Frequentie	Tíðni
Gas	Gas
Magnetisme	Segulmagn
Massa	Messi
Mechanica	Vélfræði
Molecuul	Sameind
Motor	Vél
Relativiteit	Afstæði
Snelheid	Hraða
Universeel	Alhliða
Versnelling	Hröðun
Zwaartekracht	Þyngdarafl

Oceaan
Haf

Aal	Áll
Algen	Þörunga
Boot	Bátur
Dolfijn	Höfrungur
Garnaal	Rækja
Getijden	Sjávarföll
Haai	Hákarl
Koraal	Kórall
Krab	Krabbi
Kwal	Marglytta
Octopus	Kolkrabbi
Oester	Ostra
Rif	Rif
Schildpad	Skjaldbaka
Spons	Svampur
Storm	Stormur
Tonijn	Túnfiskur
Vis	Fiskur
Walvis	Hvalur
Zout	Salt

Opwarming van de Aarde
Hnattræn Hlýnun

Aandacht	Athygli
Arctisch	Arktískur
Crisis	Kreppa
Energie	Orka
Gas	Gas
Gegevens	Gögn
Generaties	Kynslóðir
Gevolgen	Afleiðingar
Industrie	Iðnaður
Internationaal	Alþjóðleg
Klimaat	Veðurfar
Milieu	Umhverfis
Nu	Núna
Ontwikkeling	Þróun
Regering	Ríkisstjórn
Temperaturen	Hitastig
Toekomst	Framtíð
Veranderingen	Breytingar
Wetenschapper	Vísindamaður
Wetgeving	Löggjöf

Overheid
Ríkisstjórn

Civiel	Borgaraleg
Democratie	Lýðræði
Discussie	Umræða
Gelijkheid	Jafnrétti
Gerechtelijk	Dóms
Gerechtigheid	Réttlæti
Grondwet	Stjórnarskrá
Leider	Leiðtogi
Monument	Minnismerki
Natie	Þjóð
Nationaal	Þjóðlegur
Politiek	Stjórnmál
Rechten	Réttindi
Rustig	Friðsælt
Staat	Ríki
Symbool	Tákn
Toespraak	Ræðu
Vrijheid	Frelsi
Wet	Lög
Wijk	Umdæmi

Psychologie
Sálfræði

Beoordeling	Mat
Cognitie	Vitsmuni
Conflict	Átök
Dromen	Draumar
Ego	Egó
Emoties	Tilfinningar
Ervaringen	Reynslu
Gedachten	Hugsanir
Gedrag	Hegðun
Gevoel	Æsifregn
Herinneringen	Minningar
Ideeën	Hugmyndir
Invloed	Áhrif
Jeugd	Barnæska
Klinisch	Klínísk
Perceptie	Skynjun
Persoonlijkheid	Persónuleiki
Probleem	Vandamál
Realiteit	Veruleiki
Therapie	Meðferð

Regenwoud
Regnskógur

Amfibieën	Froskdýr
Behoud	Varðveislu
Botanisch	Botanical
Diversiteit	Fjölbreytni
Gemeenschap	Samfélag
Inheems	Frumbyggja
Insecten	Skordýr
Jungle	Frumskógur
Klimaat	Veðurfar
Mos	Moss
Natuur	Náttúran
Overleving	Lifun
Respect	Virðing
Restauratie	Endurreisn
Soort	Tegund
Toevlucht	Athvarf
Vogels	Fuglar
Waardevol	Dýrmætur
Wolken	Ský
Zoogdieren	Spendýr

Restaurant #2
Veitingastaður #2

Cake	Kaka
Diner	Kvöldmatur
Drank	Drykkur
Eieren	Egg
Fruit	Ávöxtur
Groente	Grænmeti
Heerlijk	Ljúffengur
Ijs	Ís
Lepel	Skeið
Lunch	Hádegisverður
Noedels	Núðlur
Ober	Þjónn
Salade	Salat
Soep	Súpa
Specerijen	Krydd
Stoel	Stól
Vis	Fiskur
Vork	Gaffal
Water	Vatn
Zout	Salt

Rijden
Akstur

Auto	Bíll
Brandstof	Eldsneyti
Garage	Bílskúr
Gas	Gas
Gevaar	Hætta
Kaart	Kort
Licentie	Leyfi
Motor	Mótor
Motorfiets	Mótorhjól
Ongeluk	Slys
Politie	Lögreglan
Remmen	Bremsur
Snelheid	Hraði
Straat	Gata
Tunnel	Göng
Veiligheid	Öryggi
Verkeer	Umferð
Voetganger	Gangandi
Vrachtauto	Vörubíll
Weg	Vegur

Schaken
Skák

Diagonaal	Ská
Kampioen	Meistari
Koning	Konungur
Koningin	Drottning
Leren	Að Læra
Offer	Fórn
Passief	Aðgerðalaus
Punten	Stig
Reglement	Reglur
Slim	Snjall
Spel	Leikur
Speler	Leikmaður
Strategie	Stefnu
Tegenstander	Mótmælandi
Tijd	Tími
Toernooi	Mót
Uitdagingen	Áskoranir
Wedstrijd	Keppni
Wit	Hvítur
Zwart	Svart

Schoonheid
Fegurð

Charme	Heilla
Cosmetica	Snyrtivörur
Diensten	Þjónusta
Elegant	Glæsilegur
Elegantie	Glæsileiki
Fotogeniek	Ljósmyndin
Genade	Náð
Geur	Ilmur
Glad	Slétt
Huid	Húð
Kleur	Litur
Krullen	Krulla
Lippenstift	Varalitur
Mascara	Maskara
Producten	Vörur
Schaar	Skæri
Shampoo	Sjampó
Spiegel	Spegill
Stilist	Stílisti
Verzinnen	Farði

Specerijen
Krydd

Anijs	Anís
Bitter	Bitur
Gember	Engifer
Kaneel	Kanil
Kardemom	Kardemommu
Kerrie	Karrý
Knoflook	Hvítlaukur
Komijn	Kúmen
Koriander	Kóríander
Kruidnagel	Negull
Nootmuskaat	Múskat
Paprika	Paprika
Peper	Pipar
Saffraan	Saffran
Smaak	Bragð
Ui	Laukur
Vanille	Vanillu
Venkel	Fennel
Zoet	Sætur
Zout	Salt

Stad
Bærinn

Apotheek	Apótek
Bakkerij	Bakarí
Bank	Banki
Bibliotheek	Bókasafn
Bioscoop	Kvikmyndahús
Bloemist	Blómabúð
Boekhandel	Bókabúð
Dierentuin	Dýragarður
Galerij	Gallerí
Hotel	Hótel
Luchthaven	Flugvöllur
Markt	Markaður
Museum	Safn
Salon	Snyrtistofa
School	Skóli
Stadion	Völlinn
Supermarkt	Matvörubúð
Theater	Leikhús
Universiteit	Háskóli
Winkel	Verslun

Strand
Strönd

Blauw	Blár
Boot	Bátur
Dok	Bryggju
Eiland	Eyja
Handdoek	Handklæði
Krab	Krabbi
Kust	Ströndinni
Lagune	Lón
Oceaan	Haf
Paraplu	Regnhlíf
Rif	Rif
Sandalen	Skó
Schelpen	Skeljar
Vakantie	Frí
Zand	Sandur
Zee	Sjó
Zeilboot	Seglbátur
Zon	Sól
Zwemmen	Að Synda

Tijd
Tíminn

Dag	Dagur
Decennium	Áratugur
Eeuw	Öld
Gisteren	Í Gær
Jaar	Ár
Jaarlijks	Árlega
Kalender	Dagatal
Klok	Klukka
Maand	Mánuður
Middag	Hádegi
Minuut	Mínúta
Na	Eftir
Nacht	Nótt
Nu	Núna
Ochtend	Morgunn
Toekomst	Framtíð
Uur	Klukkustund
Vandaag	Í Dag
Vroeg	Snemma
Week	Vika

Tuin
Garðinum

Bank	Bekkur
Bloem	Blóm
Boom	Tré
Boomgaard	Aldingarður
Garage	Bílskúr
Gazon	Grasflöt
Gras	Gras
Hangmat	Hengirúm
Hark	Hrífa
Hek	Girðing
Onkruid	Illgresi
Rotsen	Steinar
Schop	Moka
Slang	Slönguna
Struik	Bush
Terras	Verönd
Trampoline	Trampólín
Tuin	Garður
Vijver	Tjörn
Wijnstok	Vínviður

Tuinieren
Garðyrkja

Blad	Lauf
Bloemen	Blóma
Bloesem	Blómstra
Bodem	Jarðvegur
Boeket	Vönd
Boomgaard	Aldingarður
Botanisch	Botanical
Compost	Molta
Container	Ílát
Eetbaar	Ætur
Exotisch	Framandi
Gebladerte	Sm
Klimaat	Veðurfar
Seizoensgebonden	Opin
Slang	Slönguna
Soort	Tegund
Vocht	Raki
Vuil	Óhreinindi
Water	Vatn
Zaden	Fræ

Vakantie #2
Frí #2

Bergen	Fjöll
Bestemming	Áfangastaður
Buitenlander	Útlendingur
Buitenlands	Erlendum
Eiland	Eyja
Foto'S	Myndir
Hotel	Hótel
Kaart	Kort
Kamperen	Útjæða
Luchthaven	Flugvöllur
Paspoort	Vegabréf
Reis	Ferð
Strand	Fjara
Taxi	Taxi
Tent	Tjald
Trein	Lest
Vakantie	Frí
Vervoer	Samgöngur
Vrije Tijd	Tímist
Zee	Sjó

Vliegtuigen
Flugvélar

Afdaling	Uppruna
Atmosfeer	Stjórnmál
Avontuur	Ævintýri
Ballon	Blöðru
Bemanning	Áhöfn
Bouw	Smíði
Brandstof	Eldsneyti
Geschiedenis	Saga
Hemel	Himinn
Hoogte	Hæð
Landen	Lending
Lucht	Loft
Motor	Vél
Navigeren	Sigla
Ontwerp	Hönnun
Passagier	Farþegi
Piloot	Flugmaður
Richting	Stefnu
Turbulentie	Ókyrrð
Waterstof	Vetni

Voeding
Næringu

Bitter	Bitur
Calorieën	Hitaeiningar
Dieet	Mataræði
Eetbaar	Ætur
Eetlust	Matarlyst
Eiwitten	Prótein
Evenwichtig	Rólegur
Fermentatie	Gerjun
Gewicht	Þyngd
Gezond	Heilbrigður
Gezondheid	Heilsa
Koolhydraten	Kolvetni
Kwaliteit	Gæði
Saus	Sósa
Smaak	Bragð
Spijsvertering	Melting
Toxine	Eiturefni
Vitamine	Vítamín
Vloeistoffen	Vökva
Voedingsstof	Næringarefni

Voertuigen
Ökutæki

Ambulance	Sjúkrabíll
Auto	Bíll
Banden	Dekk
Bestelwagen	Van
Boot	Bátur
Bus	Rúta
Caravan	Hjólhýsi
Fiets	Reiðhjól
Helikopter	Þyrla
Motor	Mótor
Onderzeeër	Kafbátur
Raket	Eldflaug
Scooter	Vespu
Taxi	Taxi
Tractor	Dráttarvél
Trein	Lest
Veerboot	Ferja
Vliegtuig	Flugvél
Vlot	Fleki
Vrachtauto	Vörubíll

Vogels
Fuglar

Duif	Dúfa
Eend	Önd
Ei	Egg
Flamingo	Flamingo
Gans	Gæs
Kip	Kjúklingur
Koekoek	Gaukur
Kraai	Kráka
Meeuw	Máfur
Mus	Sparrow
Ooievaar	Storkur
Papegaai	Páfagaukur
Pauw	Peacock
Pelikaan	Pelican
Pinguïn	Mörgæs
Reiger	Heron
Struisvogel	Strútur
Toekan	Toucan
Uil	Ugla
Zwaan	Svanur

Vormen
Form

Bol	Kúla
Boog	Arc
Cilinder	Strokka
Cirkel	Hring
Curve	Ferill
Driehoek	Þríhyrningur
Hoek	Horn
Hyperbool	Hyperbola
Kant	Hlið
Kegel	Keila
Kubus	Teningur
Lijn	Lína
Ovaal	Sporöskjulaga
Piramide	Pýramída
Prisma	Prism
Randen	Brúnir
Rechthoek	Rétthyrningur
Ronde	Umferð
Veelhoek	Marghyrning
Vierkant	Ferningur

Wandelen
Gönguferðir

Berg	Fjall
Dieren	Dýr
Kaart	Kort
Kamperen	Útjæða
Klif	Bjarg
Klimaat	Veðurfar
Laarzen	Stígvél
Moe	Þreyttur
Muggen	Moskítóflugur
Natuur	Náttúran
Oriëntatie	Stefnumörkun
Parken	Garður
Stenen	Steinar
Top	Fundinum
Voorbereiding	Undirbúningur
Water	Vatn
Weer	Veður
Wild	Villt
Zon	Sól
Zwaar	Þungt

Water
Vatni

Douche	Sturtu
Drinkbaar	Drykkjarhæft
Geiser	Geysir
Golven	Öldur
Ijs	Ís
Irrigatie	Áveitu
Kanaal	Síkur
Meer	Lake
Moesson	Monsún
Oceaan	Haf
Orkaan	Fellibylur
Overstroming	Flóð
Regen	Rigning
Rivier	River
Sneeuw	Snjór
Stoom	Gufu
Verdamping	Uppgufun
Vochtig	Rökum
Vochtigheid	Raki
Vorst	Frost

Weersomstandigheden
Veður

Atmosfeer	Stjórnmál
Bliksem	Elding
Donder	Þrumur
Droogte	Þurrkar
Hemel	Himinn
Ijs	Ís
Klimaat	Veðurfar
Mist	Þóka
Moesson	Monsún
Orkaan	Fellibylur
Overstroming	Flóð
Polair	Polar
Regenboog	Regnbogi
Storm	Stormur
Temperatuur	Hitastig
Tornado	Tornado
Tropisch	Tropical
Vochtig	Rakt
Wind	Vindur
Wolk	Ský

Wetenschappelijke Discip
Vísindalegum Greinum

Anatomie	Líffærafræði
Astronomie	Stjörnufræði
Biochemie	Lífefnafræði
Biologie	Líffræði
Chemie	Efnafræði
Ecologie	Vistfræði
Fysiologie	Lífeðlisfræði
Geologie	Jarðfræði
Immunologie	Ónæmisfræði
Mechanica	Vélfræði
Meteorologie	Veðurfræði
Mineralogie	Steindafræði
Neurologie	Taugafræði
Plantkunde	Grasafræði
Psychologie	Sálfræði
Robotica	Vélmenni
Sociologie	Félagsfræði
Thermodynamica	Varmafræði
Voeding	Næring
Zoölogie	Dýrafræði

Wiskunde
Stærðfræði

Bol	Kúla
Decimaal	Aukastaf
Diameter	Þvermál
Divisie	Deild
Driehoek	Þríhyrningur
Exponent	Veldisvísir
Fractie	Brot
Geometrie	Rúmfræði
Hoeken	Horn
Omtrek	Ummál
Parallel	Samhliða
Parallellogram	Hjálíðalogram
Rechthoek	Rétthyrningur
Rekenkundig	Tölur
Som	Summa
Symmetrie	Samhverfu
Veelhoek	Marghyrning
Vergelijking	Jafna
Vierkant	Ferningur
Volume	Bindi

Zakelijk
Viðskipti

Baas	Stjóri
Bedrijf	Fyrirtæki
Belastingen	Skattar
Carrière	Feril
Economie	Hagfræði
Fabriek	Verksmiðju
Financiën	Fjármál
Geld	Peningar
Inkomen	Tekjur
Investering	Fjárfesting
Kantoor	Skrifstofa
Korting	Afsláttur
Kosten	Kostnaður
Transactie	Viðskipti
Valuta	Mynt
Verkoop	Sölu
Werkgever	Vinnuveitandi
Werknemer	Starfsmaður
Winkel	Búð
Winst	Hagnaður

Ziekte
Sjúkdómurinn

Acuut	Bráð
Ademhaling	Öndunarfæri
Allergieën	Ofnæmi
Bacterieel	Baktería
Besmettelijk	Smitandi
Botten	Bein
Buik	Kvið
Chronisch	Langvarandi
Erfelijk	Arfgengur
Gezondheid	Heilsa
Hart	Hjarta
Immuniteit	Ónæmi
Lichaam	Líkami
Neuropathie	Taugakvilla
Ontsteking	Bólga
Sinus	Sinus
Syndroom	Heilkenni
Therapie	Meðferð
Ziekteverwekkers	Sýkla
Zwak	Veik

Zoogdieren
Spendýr

Aap	Api
Bever	Beaver
Coyote	Sléttuúlfur
Dolfijn	Höfrungur
Ezel	Asni
Geit	Geit
Giraf	Gíraffi
Gorilla	Górilla
Hond	Hundur
Kameel	Úlfalda
Kangoeroe	Kengúra
Kat	Köttur
Konijn	Kanína
Leeuw	Ljón
Olifant	Fíl
Paard	Hestur
Stier	Naut
Vos	Refur
Walvis	Hvalur
Wolf	Úlfur

Gefeliciteerd

Je hebt het gehaald!

We hopen dat u net zoveel plezier beleeft aan dit boek als wij aan het maken ervan. We doen ons best om spellen van hoge kwaliteit te maken.

Deze puzzels zijn op een slimme manier ontworpen zodat je actief kunt leren terwijl je plezier hebt!

Vond je ze mooi?

Een Eenvoudig Verzoek

Onze boeken bestaan dankzij de recensies die zij publiceren. Kunt u ons helpen door nu een mening achter te laten ?

Hier is een korte link die u naar uw bestellingen beoordelingspagina.

BestBooksActivity.com/Recensie50

FINAAL UITDAGING!

Uitdaging nr. 1

Klaar voor uw bonusspel? We gebruiken ze de hele tijd, maar ze zijn niet zo gemakkelijk te vinden. Hier zijn **Synoniemen!**

Noteer 5 woorden die je ontdekt hebt in elk van de onderstaande puzzels (nr. 21, nr. 36, nr. 76) en probeer voor elk woord 2 synoniemen te vinden.

Notitie 5 Woorden uit **Puzzle 21**

Woorden	Synoniem 1	Synoniem 2

Notitie 5 Woorden uit **Puzzle 36**

Woorden	Synoniem 1	Synoniem 2

Notitie 5 Woorden uit **Puzzle 76**

Woorden	Synoniem 1	Synoniem 2

Uitdaging nr. 2

Nu je opgewarmd bent, noteer 5 woorden die je ontdekt hebt in elke hieron-
der genoteerde puzzel (nr. 9, nr. 17, nr. 25) en probeer voor elk woord 2
antoniemen te vinden. Hoeveel regels kan je doen in 20 minuten?

Notitie 5 Woorden uit **Puzzle 9**

Woorden	Antoniem 1	Antoniem 2

Notitie 5 Woorden uit **Puzzle 17**

Woorden	Antoniem 1	Antoniem 2

Notitie 5 Woorden uit **Puzzle 25**

Woorden	Antoniem 1	Antoniem 2

Uitdaging nr. 3

Prachtig, deze finaal uitdaging is makkelijk voor jou!

Klaar voor de laatste? Kies je 10 favoriete woorden die je in een van de puzzels hebt ontdekt en noteer ze hieronder.

1.	6.
2.	7.
3.	8.
4.	9.
5.	10.

De uitdaging is nu om met deze woorden en binnen een maximum van zes zinnen een tekst te schrijven over een persoon, dier of plaats waar je van houdt!

Tip: U kunt de laatste blanco pagina van dit boek als kladblaadje gebruiken!

Je schrijven:

NOTITIEBOEKJE:

TOT SNEL!

Linguas Classics

GENIET VAN GRATIS SPELLEN

GO

↓

BESTACTIVITYBOOKS.COM/FREEGAMES